Kohlhammer

Kompass Recht

herausgegeben von Dieter Krimphove

Familienrecht

von

Professor Dr. Tobias Fröschle
Universität Siegen

4., aktualisierte Auflage

Verlag W. Kohlhammer

Inhalt des Download-Materials:

- Gesetzestexte
- Gerichtsentscheidungen
- Exkurse zu
  - Hilfen für Minderjährige (§§ 27–40 SGB VIII)
  - Schutzmaßnahmen des Jugendamtes
- Multiple-Choice-Test
- Übersichten
- Statische und interaktive Fälle

Download des o. g. Materials unter https://dl.kohlhammer.de/978-3-17-038086-8

Die in dem Werk verwendeten Symbole bedeuten:

= Prüfungstipps für Studenten

= Tipps für Praktiker

§ = Gesetzestext

= Weiterführender bzw. ergänzender Text als Download-Datei

Gesamtherstellung: W. Kohlhammer GmbH, Stuttgart

Print:
ISBN: 978-3-17-038086-8

Vorwort

Dieses Buch richtet sich an alle, die sich einen ersten Überblick über das deutsche Familienrecht verschaffen wollen oder auch müssen. Es behandelt jedenfalls die in den Prüfungsordnungen für Juristen zum Stoff des Ersten Staatsexamens rechnenden Grundzüge des Familienrechts und reicht zur Prüfungsvorbereitung damit aus. Andererseits kann es jedem, der sich intensiver mit dem Familienrecht befassen muss, zum ersten Einstieg hilfreich sein. Hier sind vor allem auch Nichtjuristen angesprochen, für die das Familienrecht zum Thema ihrer Ausbildung oder beruflichen Tätigkeit gehört, z. B. Studierende der Sozialen Arbeit.

Der Text ist mit Blick auf die Übersichtlichkeit bewusst knapp gehalten. Auf die ausführliche Darstellung von Meinungsstreitigkeiten wird verzichtet. Ergänzende Hinweise sind in den Übersichten im Download-Material auf der Seite www.kohlhammer.de (unter diesem Titel) enthalten, außerdem zahlreiche Fälle mit Lösungen.

Da die Rolle des Jugendamtes in der Praxis des Familienrechts von erheblicher Bedeutung ist, kommt eine Darstellung des Familienrechts nicht ohne Bezüge zum Jugendhilferecht aus, die im Text bewusst knapp gehalten sind und im Download-Material durch zwei Exkurse und in einigen Übersichten noch etwas mehr vertieft werden.

Die 4. Auflage berücksichtigt die Weiterentwicklung der Rechtsprechung seit Frühjahr 2016, z. B. zur Anordnung eines paritätischen Wechselmodells per Umgangsregelung. Auch verschiedene Gesetzesänderungen waren zu berücksichtigen, so z. B. zur „Ehe für alle“, zum „Verbot von Kinderehen“ und zum „dritten Geschlecht“.

Für die wertvolle Hilfe bei der Zusammenstellung des Buches, vor allem für die Graphiken im Download-Material, bin ich Frau Julia Bartkowski zu Dank verpflichtet. Für die unschätzbare Hilfe bei der Überarbeitung des Buches für die 4. Auflage danke ich Frau Annika Deske, Frau Charlene Pfeiffer und Frau Chelsea Kalmbach herzlich.

Siegen, Mai 2019 — Tobias Fröschle

Inhaltsverzeichnis

Abkürzungsverzeichnis

Abs.	Absatz
Alt.	Alternative
AMG	Gesetz über den Verkehr mit Arzneimitteln (Arzneimittelgesetz)
Art.	Artikel
BGB	Bürgerliches Gesetzbuch
BGH	Bundesgerichtshof
BGHZ	Entscheidungen des Bundesgerichtshofs in Zivilsachen (Entscheidungssammlung)
BVerfG	Bundesverfassungsgericht
d.h.	das heißt
f.	folgende
ff.	fortfolgende
FamFG	Gesetz über das Verfahren in Familiensachen und in den Angelegenheiten der freiwilligen Gerichtsbarkeit
GG	Grundgesetz
ggf.	gegebenenfalls
Hs.	Halbsatz
i.. S. v.	im Sinne von
i. V. m.	in Verbindung mit
JZ	JuristenZeitung (Zeitschrift)
LG	Landgericht
LPartG	Lebenspartnerschaftsgesetz
m. E.	meines Erachtens
mwN	mit weiteren Nachweisen
NJW	Neue Juristische Wochenschrift (Zeitschrift)
NJW-RR	Neue Juristische Wochenschrift – Rechtsprechungsreport (Zeitschrift)
OLG	Oberlandesgericht
PStG	Personenstandsgesetz
RKEG	Gesetz über die religiöse Kindererziehung
Rn.	Randnummer
Rz.	Randziffer
S.	Satz
SGB	Sozialgesetzbuch
StAZ	Das Standesamt (Zeitschrift)
StGB	Strafgesetzbuch
str.	strittig
u. U.	unter Umständen
VAG	Gesetz über den Versorgungsausgleich (Versorgungsausgleichsgesetz)
vgl.	vergleiche
VwGO	Verwaltungsgerichtsordnung
ZPO	Zivilprozessordnung

Literaturverzeichnis

BeckOK BGB/*Bearbeiter* — Beck'scher Online-Kommentar zum BGB
- Band 3: Sachenrecht (§§ 854–1296 BGB): Stand 01.02.2019

MüKo.BGB/*Bearbeiter* — Münchner Kommentar zum Bürgerlichen Gesetzbuch:
- Band 8: Familienrecht I (§§ 1297–1588, Gewaltschutzgesetz, VersAusglG, LPartG), 7. Auflage 2017
- Band 9: Familienrecht II (§§ 1589–1921, SGB VIII), 7. Auflage 2017

Staudinger/*Bearbeiter* — J. von Staudingers Kommentar zum BGB
- §§ 1363 bis 1563: Neubearbeitung 2017
- §§ 1626 bis 1633: Neubearbeitung 2015

Prütting/Helms — Prütting/Helms, FamFG, Kommentar mit FamGKG, 4. Aufl. 2018

1. Kapitel Einführung und Überblick

I. Familienrecht

Das Familienrecht beruht auf dem Gedanken, dass man zwischen Menschen, die einander besonders nahestehen und füreinander in besonderer Weise Verantwortung tragen, nicht einfach die allgemeinen Regeln des Schuld- und Sachenrechtes anwenden kann, ohne der Besonderheit ihrer Beziehung Rechnung zu tragen. Das ist auch ein Verfassungsgebot, da „Ehe und Familie" nach Art. 6 Abs. 1 GG unter dem „besonderen Schutz" der Rechtsordnung stehen sollen. Natürlich *suspendiert* die familiäre Zusammengehörigkeit die ersten drei Bücher des BGB nicht, aber die Intensität der tatsächlichen Beziehungen von Familienangehörigen untereinander erfordert eine *Modifikation* dieser Regeln. **1**

Hierzu definiert das Gesetz eine Reihe von Rechtsinstituten des Familienrechtes und unterwirft sie besonderen Vorschriften. Das meiste davon findet sich im Vierten Buch des BGB (§§ 1297 bis 1921 BGB) wieder, das auch die Überschrift „Familienrecht" trägt. **2**

Als **Rechtsinstitute des Familienrechts** sind anerkannt: **3**
- die Ehe (§§ 1297 bis 1588 BGB)
- die Verwandtschaft (§§ 1589 bis 1772 BGB), innerhalb derer das Eltern-Kind-Verhältnis den Hauptteil der Regelungen einnimmt
- die familienrechtlichen Fürsorgeverhältnisse Vormundschaft, Pflegschaft und Rechtliche Betreuung (§§ 1773 bis 1921 BGB).

Seit dem 01. Oktober 2017 kommt es für die Eheschließung nicht mehr auf das Geschlecht der Beteiligten an. Bis dahin existierte mit der Lebenspartnerschaft ein der Ehe nachgebildetes Rechtsinstitut für gleichgeschlechtliche Paare. Bestehende Lebenspartnerschaften können – müssen aber nicht – in Ehen umgewandelt werden (§ 20a LPartG). Neu begründet werden können Lebenspartnerschaften nicht mehr (§ 1 S. 1 LPartG). Da es sich also um ein auslaufendes Rechtsinstitut handelt und die Unterschiede zwischen der Ehe und der Lebenspartnerschaft ziemlich gering sind, werde ich sie in dieser Auflage des Buches nicht mehr näher behandeln. Wer sich dazu noch informieren möchte, kann das 6. Kapitel der Vorauflage zu Rate ziehen. **4**

→ Übersicht 1: Lebenspartnerschaft

5 Das deutsche Familienrecht enthält keinerlei Vorschriften über das Zusammenleben Erwachsener als Paar ohne Trauschein. Wird von zwei Menschen eine umfassende Lebensgemeinschaft begründet, ohne dass sie einander heiraten, bleibt es für sie bei der Anwendung der ersten drei Bücher des BGB. Wird eine solche **eheähnliche Lebensgemeinschaft** aufgelöst, richtet sich ihre Auseinandersetzung daher nach den Vorschriften des Schuld- und Sachenrechtes. Ein **Vermögensausgleich** wird hierbei, wenn überhaupt, auf § 313 BGB, §§ 705 ff. BGB oder § 812 Abs. 1 S. 2 Alt. 2 BGB gestützt vorgenommen. Da dies nicht unmittelbar zum Familienrecht zählt, soll es hier nicht weiter vertieft werden.

→ Übersicht 2: Auseinandersetzung der eheähnlichen Lebensgemeinschaft

II. Familienverfahrensrecht

6 Das Familienverfahrensrecht ist in einem eigenständigen Gesetz, dem FamFG, geregelt. Meist, aber keineswegs durchgehend, ist für Streitigkeiten innerhalb der Familie das **Familiengericht** zuständig. Mit geregelt ist in diesem Gesetz ferner die sog. Freiwillige Gerichtsbarkeit, deren Gegenstände vielfältig sind und zum Teil ebenfalls mit dem Familienrecht zu tun haben, zum Teil aber auch völlig andere Rechtsgebiete betreffen.

Neben einem Allgemeinen Teil (1. Buch, §§ 1 bis 110 FamFG), mit dem der Gesetzgeber versucht hat, das Verfahren der Familiengerichte und der Freiwilligen Gerichtsbarkeit auf einen groben gemeinsamen Nenner zu bringen, beschreibt ein 2. Buch (§§ 111 bis 270 FamFG) das Verfahren in einzelnen Familiensachen. Für einige davon (sog. Familienstreitsachen, § 112 FamFG) soll das Gericht aber doch überwiegend Zivilprozessrecht anwenden. Auch das 3. Buch (Betreuungs-, Unterbringungs- und betreuungsgerichtliche Zuweisungssachen, §§ 271 bis 341 FamFG) betrifft noch Gegenstände des Familienrechts.

7 Besonders übersichtlich ist dies nicht. In diesem Buch wird Verfahrensrecht nicht weiter behandelt werden.

III. Kinder- und Jugendhilferecht

Es existieren zahllose Berührungspunkte und Verzahnungen zwischen dem im Achten Buch des Sozialgesetzbuchs geregelten **Jugendhilferecht** und dem Familienrecht. Nur theoretisch kann man beides streng trennen. Am praktischen Fall muss sich beides nebeneinander bewähren, weswegen ich in diesem Buch an einigen Stellen nicht ohne Seitenverweise auf das Jugendhilferecht auskomme. Mehr davon findet sich im Download-Material. 8

Die Schnittstellen können an folgendem Fall verdeutlicht werden:

Beispiel: 9
Ein zwölfjähriges Kind hält es im Haushalt seiner Alkoholiker-Eltern nicht mehr aus und bittet das Jugendamt um Einweisung in ein Heim. Das Jugendamt veranlasst dies als **Inobhutnahme** nach § 42 Abs. 2 S. 1 Nr. 1 SGB VIII. Es bietet den Eltern an, ihnen die Heimerziehung als **Hilfe zur Erziehung** nach §§ 27, 34 SGB VIII zu gewähren. Die Eltern sind damit überhaupt nicht einverstanden. Sie beantragen stattdessen, ihnen eine sozialpädagogische Familienhilfe (§§ 27, 31 SGB VIII) zu gewähren. Das Jugendamt hält das Kind aber im Fall einer Rückkehr ins Elternhaus für gefährdet. Es ist dann nach § 42 Abs. 3 S. 2 Nr. 2 SGB VIII verpflichtet, das Familiengericht einzuschalten. Das Familiengericht wird prüfen, ob es auf der Grundlage von § 1666 Abs. 1 BGB **Eingriffe in die elterliche Sorge** oder sogar ihren Entzug (§ 1666 Abs. 3 Nr. 6 BGB) für notwendig hält. Es muss dabei nach § 1666a Abs. 1 S. 1 BGB wieder prüfen, ob öffentliche Hilfen – wie z.B. die von den Eltern beantragte sozialpädagogische Familienhilfe – zur Abwendung der Gefahr ausreichen. Ggf. wird es ihnen die elterliche Sorge entziehen und wegen § 1773 Abs. 1 BGB **einen Vormund** bestellen. Dann kann das Jugendamt diesem Vormund die Heimerziehung als Hilfe zur Erziehung gewähren. Vormund wiederum kann nach § 1791b Abs. 1 S. 1 BGB und § 55 Abs. 1 SGB VIII **das Jugendamt selber** sein. Umgekehrt können die Eltern sich gegen die Versagung der sozialpädagogischen Familienhilfe auch mit den Mitteln des Verwaltungsverfahrensrechts (hier: Widerspruch und Verpflichtungsklage, Antrag auf Erlass einer einstweiligen Anordnung nach § 123 VwGO) wehren, wenn sie der Meinung sind, dass dies zur Abwendung der Gefahr hinreichend und notwendig ist.

Der mit einem solchen praktischen Fall befasste Rechtsanwalt oder Sozialarbeiter kommt also nicht umhin, die entsprechenden Rechtsgrundlagen im Familienrecht und im Jugendhilferecht aufzufinden und anzuwenden. 10

📥 → Gesetzestext des SGB VIII

2. Kapitel **Eheschließung**

I. Verlöbnis

11 Das Verlöbnis (§§ 1297 ff. BGB) ist ein **Vertrag**, durch den sich ein Mann und eine Frau wechselseitig versprechen, einander zu heiraten. Sein Zustandekommen ist nicht besonders geregelt, richtet sich also grundsätzlich nach §§ 145 ff. BGB.

Das Verlöbnis ist daher an keine bestimmte Form gebunden. Es ist aber ein **höchstpersönliches Rechtsgeschäft**. Ein Vertreter – auch der gesetzliche Vertreter – kann nicht für einen der Beteiligten handeln.

12 Obwohl **Minderjährige** keine Ehe eingehen dürfen, ist mangels Verweises auf § 1303 BGB ein Eheversprechen zwischen ihnen wohl möglich. Hierfür gelten dann die §§ 107 ff. BGB. Die **Zustimmung** ihres gesetzlichen Vertreters ist wegen der Rechtsnachteile erforderlich, die an die Nichterfüllung der Eheschließungspflicht in § 1298 f. BGB geknüpft sind. Das Verlöbnis Minderjähriger ist zudem nur wirksam, wenn es darauf gerichtet ist, die Ehe erst nach Eintritt der Volljährigkeit einzugehen.

13 Das Versprechen einer Ehe kann wegen **Verstoßes gegen die guten Sitten** nach § 138 Abs. 1 BGB nichtig sein, so z. B., wenn zwei Personen einander in dem Bewusstsein die Ehe versprechen, dass einer von ihnen noch verheiratet ist. Dasselbe dürfte – entsprechend § 1303 Satz 1 BGB – für ein Eheversprechen unter noch nicht 16 Jahre alten Kindern oder mit einem solchen Kind gelten.

14 Das Verlöbnis begründet die Rechtspflicht zur Eheschließung in Form einer **unvollkommenen Verbindlichkeit**. Weder ist sie direkt durchsetzbar – eine Klage auf Eingehung der Ehe ist unzulässig (§ 1297 Abs. 1 BGB) – noch kann eine Vertragsstrafe wirksam vereinbart werden (§ 1297 Abs. 2 BGB).

Durch das Verlöbnis entsteht aber ein Dauerrechtsverhältnis, das wechselseitige **Beistands- und Rücksichtnahmepflichten** begründet, wenn auch in geringem Umfang. So sind Verlobte einander zwar nicht zum Unterhalt verpflichtet, wohl aber dazu, die persönlichen Rechtsgüter des anderen vor Gefahren zu schützen, so dass sie als Beschützergaranten i. S. v. § 13 StGB angesehen werden. Auch beinhaltet das Verlöbnis eine – wenn auch so wenig wie die Eheschließungspflicht durchsetzbare – Pflicht zur sexuellen Treue. Eine Pflicht zur umfassenden Lebensgemeinschaft ist mit dem Verlöbnis dagegen nicht verbunden. In einigen Zusammenhängen gelten Verlobte kraft gesetzlicher Regelung als Angehörige (z. B. im Strafrecht – siehe § 11 Abs. 1 Nr. 1a StGB).

Das Verlöbnis wird **aufgelöst** durch **15**

- Eheschließung (= Erfüllung des Versprechens),
- Tod eines Verlobten,
- einvernehmliche Aufhebung durch Vertrag („Entlobung"), oder
- einseitigen Rücktritt.

Zurücktreten und die Verlobung einvernehmlich aufheben kann der **minderjährige Verlobte** trotz § 107 BGB ohne Zustimmung seines gesetzlichen Vertreters. Zwar ist mit ihm ein Rechtsnachteil verbunden, weil der Minderjährige den Anspruch auf Eheschließung gegen den anderen Verlobten verliert. Er muss das Verlöbnis aber schon deshalb ohne Zustimmung seines gesetzlichen Vertreters auflösen können, weil er sonst ja gegen seinen Willen an der eigenen Eheschließungspflicht festgehalten würde. **16**

Die Möglichkeit zum jederzeitigen Rücktritt schließt die **Anfechtung** wegen Irrtums, Drohung oder Täuschung (§§ 119 ff. BGB) aus. Wer durch Drohung oder Täuschung zur Verlobung bestimmt wurde, hat jedenfalls einen wichtigen Grund zum Rücktritt. Bei einem Irrtum wird das davon abhängen, ob er vermeidbar war. **17**

Wer **ohne wichtigen Grund** vom Verlöbnis zurücktritt, schuldet dem anderen Verlobten Schadensersatz (§ 1298 Abs. 1 BGB), in Grenzen auch dessen Eltern oder Personen, die an Elternstelle gehandelt haben. **18**
Nur der **Vertrauensschaden** (= negatives Interesse) ist zu ersetzen, also der Schaden, der durch das *Vertrauen auf* die Eheschließung entstanden ist, nicht der, der durch deren *Unterbleiben* entstanden sein mag. Kein Vertrauensschaden i. S. v. § 1298 BGB sind Aufwendungen, die durch eine **außereheliche Lebensgemeinschaft** der Verlobten entstanden sind, wenn diese – wie heute meistens – nicht von der späteren Eheschließung abhängig sein sollten. Durch ein solches voreheliches Zusammenleben wird dann nämlich die Ehe nicht vorbereitet, sondern vorweggenommen. Das tut jeder auf eigenes Risiko.
Der Verlobte kann auch einen eventuellen **Erwerbsschaden** ersetzt verlangen. Das ist heute sehr selten, weil kaum mehr jemand im Hinblick auf eine Eheschließung die Arbeitsstelle aufgibt und selbst wenn, wird es oft nicht angemessen i. S. v. § 1298 Abs. 2 BGB sein.

→ Entscheidung Nr. 1

19 Nach § 1298 Abs. 3 BGB schuldet *keinen* Schadensersatz, wer einen **wichtigen Grund** für den Rücktritt hatte. Als wichtige Gründe sind z. B. anerkannt worden:

- eigene Krankheiten, wie solche des anderen Verlobten, wenn sie für eine Ehe relevant sind (wie z. B. zur Unfruchtbarkeit führende oder Geschlechtskrankheiten),
- Untreue, Misshandlung oder andere Verfehlungen,
- die Täuschung über persönliche oder über Vermögensverhältnisse.

20 Kein wichtiger Grund im Sinne des Gesetzes ist dagegen erlahmte Zuneigung, die Erkenntnis, dass man nicht zusammenpasst oder Ähnliches. Das ist zwar eigentlich der beste Grund nicht zu heiraten, wenn dergleichen aber unter § 1298 Abs. 3 BGB fiele, gäbe es praktisch keinen grundlosen Rücktritt. Dies ist eben das Risiko, das man mit dem bindenden Eheversprechen eingeht.
Einen wichtigen Grund für den Rücktritt stellt es dagegen dar, wenn nachträglich ein Ehehindernis eingetreten ist.

21 Schadensersatz schuldet nach § 1299 BGB ferner, wer den wichtigen Grund, aus dem der andere zurücktritt, **schuldhaft herbeigeführt** hat (§ 1299 BGB). So schuldet z. B. der untreue Partner Schadensersatz, wenn der andere die Untreue zum Grund nimmt, zurückzutreten. § 1299 BGB ist analog anwendbar, wenn ein Verlobter aus einem wichtigen Grund zurücktritt, den er *selbst* schuldhaft herbeigeführt hat. Wenn z. B. ein Verlobter sich anlässlich eines Seitensprungs mit HIV infiziert, gibt ihm das zwar einen wichtigen Grund für den Rücktritt. Er muss aber analog § 1299 BGB dennoch Schadensersatz leisten, weil er seinen eigenen Rücktrittsgrund schuldhaft herbeigeführt hat.

22 § 1298 Abs. 1 BGB gilt außerdem analog zum Nachteil eines Verlobten, der **auf andere Weise** als durch Rücktritt die Eheschließung schuldhaft vereitelt, z. B., indem er den Tod des anderen Verlobten fahrlässig herbeiführt oder – ohne vorher zurückzutreten – einen Dritten heiratet.

23 Wird das Verlöbnis aufgelöst, sind außerdem **Geschenke zurückzugewähren**, die der eine Verlobte dem anderen gemacht hat (§ 1301 S. 1 BGB). Der Anspruch setzt nur voraus, dass das Geschenk während der Zeit gemacht wurde, in der das Verlöbnis bestand. Ein innerer Zusammenhang zur erwarteten Eheschließung ist nicht erforderlich. Der Anspruch wird dennoch als Sonderfall der *condictio ob rem* (§ 812 Abs. 1 S. 2 Alt. 2 BGB) begriffen. §§ 815, 818 ff. BGB sind auf ihn anwendbar.

24 Wird die Verlobung **durch Tod** aufgelöst, schwächt das die Rückgabepflicht für Geschenke ab. Es müssen dann nur die Geschenke zurückgegeben werden, von denen der Schenker eben dies nachweisbar *wollte*. Im Zweifel wird nach § 1301 S. 2 BGB das Gegenteil angenommen.

Bei der Prüfung von Ansprüchen aus Verlöbnis ist das Augenmerk nicht nur auf dessen Auflösung zu richten. Oft ist seine Begründung schwerer zu beurteilen. Sie setzt vor allem – wie jeder Vertrag – einen **Rechtsbindungswillen** voraus. Obwohl das Verlöbnis an keine Form gebunden ist, kann die Frage, in welcher Form die Einigung stattgefunden hat, genau hierfür eine Rolle spielen. Der Austausch von Verlobungsringen, das Abhalten einer Verlobungsfeier, ein förmlicher Antrag mit Kniefall usw. können als Zeichen für die Ernsthaftigkeit des Eheversprechens wichtig sein.

II. Ehevoraussetzungen und Ehehindernisse

Ehevoraussetzungen sind 25
- Ehemündigkeit (§ 1303 BGB) und
- Geschäftsfähigkeit (§ 1304 BGB).

Als **Ehehindernisse** kommen in Frage 26
- eine bestehende Ehe (§ 1306 BGB) oder
- eine Verwandtschaft der Partner (§§ 1307, 1308 BGB).

Während früher nur ein Mann eine Frau heiraten konnte, spielt das Geschlecht 27
seit dem 1. Oktober 2017 keine Rolle mehr. Auch, dass einer der Eheschließenden weder Mann noch Frau ist, steht – anders als früher – einer Eheschließung nicht mehr im Wege.

Ehemündig ist, wer volljährig ist (§ 1303 S. 1 BGB). Ausnahmen sind seit dem 28
22. Juli 2017 nicht mehr vorgesehen.

Fehlende Ehemündigkeit führt nach § 1314 Abs. 1 Nr. 1 BGB nur zur **Aufheb-** 29
barkeit, *nicht* zur Unwirksamkeit der Ehe. Aus § 1303 Satz 2 BGB folgt jedoch, dass die Ehe mit einem noch nicht 16 Jahre alten Kind nicht lediglich aufhebbar, sondern **unheilbar nichtig** ist, da sie gar nicht geschlossen werden „kann".

Nach § 1304 BGB kann ein **Geschäftsunfähiger** keine Ehe eingehen. Geschäfts- 30
unfähig ist nach § 104 Nr. 2 BGB, wer sich in einem die freie Willensbestimmung nicht nur vorübergehend ausschließenden Zustand krankhafter Störung der Geistestätigkeit befindet. Im Lichte der aus Art. 6 Abs. 1 GG folgenden Eheschließungsfreiheit genügt für die *Eheschließung* die Fähigkeit, die Bedeutung einer Ehe zu erkennen und nach dieser Erkenntnis zu handeln. Fehlt diese

Einsichts- und Steuerungsfähigkeit aufgrund einer psychischen Krankheit oder geistigen Behinderung, kann er eine Ehe nicht eingehen. Dass ihm die Einsichts- und Steuerungsfähigkeit für andere Rechtshandlungen fehlt, schließt die Eheschließung aber nicht aus.

→ Entscheidung Nr. 2

31 Die Ehe schließt es ihrem Wesen nach aus, dass ein Mensch in mehreren Ehen gleichzeitig lebt. Daher verbietet § 1306 BGB die Eheschließung jedem, der bereits verheiratet ist. **Doppelehe** ist darüber hinaus strafbar (§ 172 StGB).
Eine entgegen § 1306 BGB begründete Ehe ist allerdings lediglich **aufhebbar**, also vorläufig wirksam (§ 1314 Abs. 1 BGB).
Den Sonderfall der Wiederheirat, nachdem der frühere Ehegatte (zu Unrecht) amtlich **für tot erklärt** wurde, regeln die §§ 1319, 1320 BGB.

32 Enge **Verwandte** dürfen einander nicht heiraten (§ 1307 S. 1 BGB). Verboten ist das bei Verwandtschaft in gerader Linie (vgl. zu dieser Rn. 201) und zwischen voll- und halbbürtigen Geschwistern. Maßgeblich ist die **Blutsverwandtschaft** (§ 1307 S. 2 BGB). Nicht die Eheschließung, wohl aber der Geschlechtsverkehr unter Verwandten gerader Linie und unter Geschwistern ist im Übrigen nach § 173 StGB auch strafbar.
Auch eine entgegen § 1307 BGB geschlossene Ehe ist nicht unwirksam, sondern nur **aufhebbar** (§ 1314 Abs. 1 BGB).

33 **Adoptivverwandtschaft** steht nach § 1308 Abs. 1 S. 1 BGB einer Eheschließung ebenfalls im Wege. Die Grenzen sind die gleichen wie unter Blutsverwandten. Vom Verbot der Eheschließung unter Adoptiv*geschwistern* kann das Familiengericht auf Antrag eines der Geschwister **Befreiung** erteilen (§ 1308 Abs. 2 BGB). Adoptivverwandte in gerader Linie müssen dagegen die Aufhebung der Adoption erreichen, damit sie einander heiraten können (vgl. § 1308 Abs. 1 S. 2 BGB). § 1308 BGB ist lediglich **Ordnungsvorschrift**. Zwischen Adoptivverwandten geschlossene Ehen sind weder unwirksam, noch aufhebbar.

Der Standesbeamte ist verpflichtet, seine Mitwirkung an der Eheschließung zu verweigern, wenn er ein Ehehindernis kennt oder weiß, dass die Ehe nach § 1314 Abs. 2 BGB aufhebbar wäre (vgl. § 1310 Abs. 1 S. 2 BGB). Oft kann ein Dritter gegen die einmal geschlossene Ehe nicht mehr viel unternehmen. Es kann daher wichtig sein, das Standesamt schon vor der Eheschließung über Bedenken z. B. an der Geschäftsfähigkeit eines Ehegatten zu informieren.

III. Form der Eheschließung

Die Form der Eheschließung regeln die §§ 1310 bis 1312 BGB: 34
§ 1310 Abs. 1 S. 1 BGB schreibt die Eheschließung vor dem **Standesbeamten** vor (obligatorische Zivilehe). Wie aus § 1310 Abs. 1 S. 2 BGB folgt, muss der Standesbeamte hieran „mitwirken", das heißt, er muss zur Entgegennahme der Eheschließungserklärung auch bereit sein, andernfalls die Ehe nicht „vor" ihm geschlossen worden ist.
Durch eine Eheschließung, die dem nicht genügt, wird **keine Ehe** begründet. Die Erklärung ist dann ohne weiteres unwirksam („Nichtehe"). Das gilt jedoch ausnahmsweise nicht, wenn

- die Ehe vor einer Person geschlossen wurde, die beide Eheschließenden für einen Standesbeamten gehalten haben, und diese Person die Eheschließung in das Eheregister eingetragen hat (§ 1310 Abs. 2 BGB) oder
- der Standesbeamte bestimmte Amtshandlungen vorgenommen hat, die eine Ehe voraussetzen und die Eheschließenden nach dieser Rechtshandlung zehn Jahre als Eheleute zusammengelebt haben. Haben sie bis zum Tod eines von ihnen zusammengelebt, genügen fünf Jahre (§ 1310 Abs. 3 BGB).

In diesen Fällen ist die Ehe von Anfang an als wirksam anzusehen. Der Formfehler wird dadurch also **rückwirkend geheilt.**

Zu beachten ist, dass die **Eintragung in das Eheregister** nur in § 1310 Abs. 2 und 35
Abs. 3 Nr. 1 BGB konstitutive Bedeutung gewinnt. Soweit § 1310 Abs. 1 S. 1 BGB beachtet wurde, hat sie nur deklaratorischen Charakter.

§ 1311 BGB schreibt die **gleichzeitige, persönliche Anwesenheit** beider Ehe- 36
schließenden vor dem Standesbeamten vor.
Wird hiergegen verstoßen, führt das allerdings nur zur **Aufhebbarkeit** der Ehe (vgl. § 1314 Abs. 1 BGB).

Die Vorschrift des § 1312 S. 1 BGB über die zu verwendende **Trauformel** ist eine 37
Ordnungsvorschrift, deren Nichtbeachtung **keine Konsequenzen** hat. Die Hinzuziehung von **Trauzeugen** stellt § 1312 S. 2 BGB den Eheschließenden überhaupt frei.

IV. Aufhebung der fehlerhaften Ehe

38 Leidet die Eheschließung unter einem Mangel, kann sie aufgehoben werden, soweit der Mangel nach § 1314 BGB einen Aufhebungsgrund bildet. Man kann dann von einer **fehlerhaften Ehe** sprechen. Als Aufhebungsgründe kommen in Frage:

- das Fehlen der Ehevoraussetzungen aus §§ 1303, 1304 BGB,
- das Vorliegen eines Ehehindernisses nach §§ 1306, 1307 BGB,
- Verstöße gegen die Formvorschrift des § 1311 BGB und
- einer der in § 1314 Abs. 2 BGB aufgezählten **Willensmängel**.

39 Die Aufzählung der Aufhebungsgründe ist **abschließend**. Die §§ 104 ff. BGB gelten für die Eheschließung nicht. Die §§ 1303 bis 1311 BGB sind oben (Rn. 27 ff.) schon erläutert worden. Die übrigen Aufhebungsgründe sind:

40 **1. Unzurechnungsfähigkeit**. Eine Ehe, die im Zustand der **Bewusstlosigkeit** oder vorübergehenden **Störung der Geistestätigkeit** (z. B. im Vollrausch) geschlossen wurde, ist nach § 1314 Abs. 2 Nr. 1 BGB aufhebbar.

41 **2. Irrtum.** Aufhebbar ist die Ehe ferner, wenn einer der Ehegatten nicht gewusst hat, dass es sich um eine Eheschließung handelt, also bei seiner Erklärung einem **Inhaltsirrtum** unterlag (§ 1314 Abs. 2 Nr. 2 BGB), ein schwer vorstellbarer Fall (siehe aber Fall „Sebastian Steiner“).

42 **3. Arglistige Täuschung.** Aufhebbar ist nach § 1314 Abs. 2 Nr. 3 BGB eine Ehe, die auf einer arglistigen Täuschung des einen durch den anderen Ehegatten beruht. Die **Täuschung eines Dritten** genügt nur, wenn der andere Ehegatte von ihr wusste.

Es muss feststehen, dass *der Getäuschte* die Ehe nicht geschlossen hätte, wenn er die Wahrheit gekannt hätte (subjektive Kausalität). Das muss wiederum einer verständigen Würdigung des Wesens der Ehe standhalten (objektive Kausalität). Die Täuschung über Vermögensverhältnisse (also der klassische „Heiratsschwindel“) ist ausdrücklich ausgenommen.

Auch durch **Unterlassen** kann man arglistig täuschen, soweit eine Pflicht zur Offenbarung bestimmter Umstände besteht (arglistiges Verschweigen). Offenbart werden müssen alle Umstände, die für die Entscheidung des anderen zur Eheschließung erkennbar von erheblicher Bedeutung sind. Das wird zum Beispiel für die Infektion mit einer durch sexuelle Handlungen übertragbaren Krankheit angenommen. Aber auch, ob – und ggf. von wem – die Frau schwanger ist, gehört zu den offenbarungspflichtigen Umständen.

Arglist (lat.: dolus) ist ein Synonym für **Vorsatz**. Bedingter Vorsatz genügt. Verbreiteter Fehler unter Studenten ist es, Arglist mit besonderer Verwerflichkeit des Verhaltens gleichzusetzen.

Beispiel: 43
Max heiratet seine Freundin Lisa, weil sie schwanger ist. Später stellt sich heraus, dass sie während der Empfängniszeit des Kindes auch mit Stefan geschlafen hat.
Hier ist Max arglistig getäuscht worden und zwar unabhängig davon, von wem das Kind tatsächlich stammt. Denn da das Kind ihm allein wegen seiner Geburt während der Ehe zugeordnet wird (§ 1592 Nr. 1 BGB) kann er erwarten, dass Lisa ihn auch schon über die *Möglichkeit* aufklärt, dass das Kind von einem anderen Mann stammt (vgl. OLG Karlsruhe NJW-RR 2000, 737).

4. Drohung. Die Ehe ist aufhebbar, wenn ein Ehegatte durch widerrechtliche Drohung dazu gebracht wurde, sie zu schließen (§ 1314 Abs. 2 Nr. 4 BGB). Im Unterschied zur Täuschung genügt es hier auch, wenn ein Außenstehender den einen Verlobten, ohne Wissen des anderen (oder auch beide), bedroht hat. Widerrechtlich ist die Drohung unter den gleichen Umständen, unter denen das auch zu § 123 Abs. 1 BGB angenommen wird (Verwerflichkeit entweder des verwendeten Druckmittels oder des Einsatzes des Druckmittels zu diesem Zweck). Die Androhung eines Nachteils ist nicht in jedem Falle verwerflich. Z.B. ist eine Ehe nicht aufhebbar, wenn sie einer der Ehegatten nur geschlossen hat, weil der andere ansonsten die Geltendmachung von Ansprüchen aus §§ 1298, 1301 BGB angekündigt hat. 44
Dass das Gesetz **Zwangsehen** als wirksam und lediglich aufhebbar behandelt, ist rechtspolitisch nicht unproblematisch. Die Nötigung zur Eheschließung erfüllt allerdings zudem einen besonderen Straftatbestand (§ 237 StGB).

Für das Opfer einer Zwangsverheiratung ist die Scheidung wegen der Rechtsfolgen oft besser als die Aufhebung der Ehe. Da nur der Bedrohte den Aufhebungsantrag stellen kann, besteht hier ein echtes Wahlrecht, soweit nicht beide Ehegatten zur Eheschließung genötigt wurden.

45 **5. Scheinehe.** Aufhebbar ist nach § 1314 Abs. 2 Nr. 5 BGB schließlich eine Ehe, die nur zum Schein geschlossen worden ist. Eine Scheinehe schließen Ehegatten, wenn *beide* bei der Eheschließung beabsichtigen, keine eheliche Lebensgemeinschaft aufzunehmen. Die *Absicht*, als Ehegatten zusammenzuleben, genügt, um eine Scheinehe auszuschließen, auch wenn die Verwirklichung dieser Absicht unrealistisch ist. Wer einen zu lebenslanger Haft verurteilten Massenmörder heiratet, schließt also keine Scheinehe, nur weil eine Haftentlassung nicht zu erwarten ist.

46 Die fehlerhafte Ehe kann in bestimmten Fällen durch den Eintritt bestimmter Umstände **geheilt** werden. Die Einzelheiten sind in § 1315 BGB geregelt. Sie unterscheiden sich je nach Aufhebungsgrund.

→ Übersicht 3: Heilung von aufhebbaren Ehen, Antragsberechtigte, Antragsfrist

47 Eine fehlerhafte Ehe ist in jeder Hinsicht **wirksam**, solange sie nicht durch rechtskräftigen Beschluss des Familiengerichts aufgehoben ist (vgl. § 1313 BGB). Bis dahin gelten die § 1353 ff. BGB einschließlich der das Getrenntleben regelnden §§ 1361 bis 1361b BGB.
Die Aufhebung entfaltet **keine Rückwirkung**. Ist die Ehe schon durch Tod oder Scheidung aufgelöst, ist daher auch keine Aufhebung mehr möglich (§ 1317 Abs. 3 BGB). Die Aufhebung der Ehe geht der Scheidung aber vor, wenn beides beantragt wird (§ 126 Abs. 3 FamFG).
War die Ehe beim Tod eines Ehegatten (noch) aufhebbar, entfällt nach § 1318 Abs. 5 FamFG das **gesetzliche Erbrecht** des überlebenden Ehegatten, falls einer der dort genannten Aufhebungsgründe bestand und der überlebende Ehegatte ihn kannte. War der Aufhebungsantrag schon gestellt, gilt außerdem § 1933 BGB.

48 Wer zur Stellung des Aufhebungsantrags **berechtigt** ist, regelt § 1316 BGB, auch hier in Abhängigkeit vom Aufhebungsgrund. In manchen – nicht allen – Fällen ist der Antrag an eine **Ausschlussfrist** gebunden (§ 1317 BGB).

Prüfungsreihenfolge bei der Eheaufhebung:
- Aufhebungsgrund (§ 1314 BGB)
- kein Wegfall des Aufhebungsgrundes durch Heilung (§ 1315 BGB)
- Aufhebungsrecht des Antragstellers (§ 1316 BGB)
- Einhaltung der Aufhebungsfrist (§ 1317 BGB)

Die vermögensrechtlichen **Folgen der Eheaufhebung** regelt § 1318 Abs. 1 bis 4 BGB: 49

Nachehelicher Unterhalt wird nur nach Maßgabe von § 1318 Abs. 2 BGB gewährt. § 1318 Abs. 2 S. 1 BGB macht dies in komplexer und nicht völlig logischer Weise davon abhängig, welcher Aufhebungsgrund bestand und wer ihn kannte. Wäre danach einem Ehegatten, der ein gemeinsames Kind betreut, kein Unterhalt zu gewähren, so erhält er nach § 1318 Abs. 2 S. 2 BGB dennoch Unterhalt, soweit dies notwendig ist, um eine unbillige Härte *für das Kind* zu vermeiden. Er muss danach so viel an Unterhalt bekommen, wie er braucht, damit er das Kind nicht vernachlässigen muss. Dies wird in der Regel darauf hinauslaufen, dass ihm das Existenzminimum zusteht.

Zugewinnausgleich und **Versorgungsausgleich** finden statt, soweit das nicht mit Rücksicht auf den Aufhebungsgrund ausnahmsweise unbillig ist (§ 1318 Abs. 3 BGB).

Die Verteilung von **Ehewohnung und Hausrat** folgt §§ 1568a, 1568b BGB. Soweit dort Billigkeitserwägungen vorgesehen sind, sind die Umstände der Eheschließung zu berücksichtigen.

Wird die Ehe wegen **Doppelehe** aufgehoben, dürfen die vermögensrechtlichen Folgen der Eheaufhebung außerdem die schutzwürden Interessen des früheren Ehegatten oder Lebenspartners nicht beeinträchtigen.

3. Kapitel **Allgemeine Ehewirkungen**

I. Eheliche Lebensgemeinschaft

50 Nach § 1353 Abs. 1 S. 2 BGB sind die Ehegatten einander zur ehelichen Lebensgemeinschaft verpflichtet und „tragen füreinander Verantwortung". Das ist eine **Generalklausel**, die sich zu konkreten Pflichten verdichten kann.

51 Soweit aus § 1353 Abs. 1 S. 2 BGB **konkrete Ansprüche** der Ehegatten untereinander folgen, können diese als sonstige Familiensache i. S. v. § 266 Abs. 1 Nr. 2 FamFG beim Familiengericht geltend gemacht werden.

52 § 120 Abs. 3 FamFG schließt die **Vollstreckung** aus einer auf einen solchen Antrag ergangenen Endentscheidung aus. Dieser Vollstreckungsausschluss wird eng ausgelegt: Er gilt nicht für alle aus § 1353 Abs. 1 S. 2 BGB folgenden Ansprüche, sondern nur für solche, die in erster Linie das **personale Verhältnis** der Eheleute betreffen (*Helms* in Prütting/Helms § 120 Rn. 14). Betreffen sie vermögensrechtliche Pflichten, ist die Endentscheidung vollstreckbar.

53 Ähnlich verhält es sich mit **Sekundäransprüchen** auf Schadensersatz wegen Verletzung von § 1353 Abs. 1 S. 2 BGB. Die Verletzung der vermögensrechtlichen Beistands- und Rücksichtnahmepflichten kann einen Schadensersatzanspruch gegen den anderen Ehegatten analog § 280 Abs. 1 BGB begründen. Das ist dagegen ausgeschlossen, soweit die Pflichtverletzung den persönlichen Bereich betrifft. Ebenso wenig ist die Ehe ein absolutes Recht i.S.v. § 823 Abs. 1 BGB. Eheverfehlungen, die nicht zugleich andere Rechte eines Ehegatten verletzen, können aber einen Anspruch auf Schadensersatz aus § 826 BGB begründen, wenn sie eine vorsätzliche und sittenwidrige Schädigung des anderen Ehegatten darstellen.

54 **Beispiel**:
Die Ehefrau verschweigt dem Ehemann, dass das in der Ehe geborene Kind im Ehebruch mit einem anderen Mann gezeugt worden ist, weshalb dieser erst nach fünf Jahren die Vaterschaft erfolgreich angefochten und in der Zwischenzeit dem Kind zu Unrecht Unterhalt gewährt hat. Der Mann weigert sich, mit der Ehefrau eine gemeinsame Steuererklärung abzugeben, wodurch diese nicht vom Ehegattensplitting profitieren kann.

Die Ehefrau kann vom Ehemann analog § 280 Abs. 1 BGB Ausgleich des erlit- **55**
tenen Steuernachteils verlangen, denn durch die Verweigerung der gemeinsamen Veranlagung hat er gegen die Pflicht zur Rücksichtnahme auf die Vermögensinteressen der Ehefrau verstoßen (vgl. BGH NJW 1977, 378). Die Ehefrau hat die Pflicht zur sexuellen Treue verletzt. Hieraus kann der Ehemann aber keinen Schadensersatzanspruch analog § 280 Abs. 1 BGB herleiten, weil es sich um eine Pflicht aus dem persönlichen Lebensbereich handelt. Auch aus § 826 BGB folgt hier kein Anspruch, weil das schlichte Verschweigen der wahren Herkunft des Kindes noch kein Sittenverstoß ist. Er bleibt wegen des zu Unrecht gezahlten Unterhalts auf den Scheinvaterregress gegen den wahren Vater (§ 1607 Abs. 3 BGB) beschränkt. Anders wäre das, hätte die Frau auf konkretes Nachfragen beteuert, das Kind sei vom Ehemann, denn die ausdrückliche Lüge über die Herkunft des Kindes ist als Sittenverstoß anzusehen (vgl. BGH JZ 1990, 438).

Die aus § 1353 Abs. 1 S. 2 BGB folgenden Pflichten sind grundsätzlich **nicht** **56**
abdingbar, können aber durch Vereinbarungen **konkretisiert** und in Grenzen auch **modifiziert** werden. So kann z. B. eine „offene Ehe", also der wechselseitige Verzicht auf die sexuelle Treue wirksam vereinbart werden. Soweit solche Vereinbarungen die persönliche Lebensgestaltung betreffen, sind sie jederzeit frei widerruflich.

1. Haushaltsgemeinschaft. Aus § 1353 Abs. 1 S. 2 BGB folgt zunächst die **57**
grundsätzliche Pflicht der Ehegatten, eine gemeinsame Ehewohnung einzurichten und dort einen gemeinsamen Wohnsitz zu unterhalten. Haben sie das getan, sind sie im Verhältnis zueinander – nicht auch: zu Dritten – zum **Mitbesitz** sowohl an der Ehewohnung als auch an den Haushaltsgegenständen berechtigt. Dies verdrängt die sich aus dem Allein- oder Miteigentum, sonst aus § 985 BGB oder § 741 ff. BGB ergebenden Rechte.

> Der **freiwillige Auszug** eines Ehegatten aus der Ehewohnung beendet grundsätzlich dessen Recht zum Mitbesitz an ihr nicht. Er kann die Duldung der Rückkehr verlangen, wenn die Ehegatten weder eine einvernehmliche Nutzungsregelung i. S. v. § 1361b BGB treffen, noch eine gerichtliche Regelung herbeiführen. Sechs Monate nach dem Auszug wird eine einvernehmliche Regelung jedoch unwiderlegbar vermutet.

Sind die Ehegatten durch die äußeren Umstände (z. B. ihre Berufstätigkeit) ge- **58**
zwungen, an verschiedenen Orten zu leben, müssen sie sich im Rahmen des Zumutbaren bemühen, diesen Zustand zu beenden oder wenigstens durch

wechselseitige Besuche abzumildern. In einer **Alleinverdienerehe** kann der nicht berufstätige Ehegatte verpflichtet sein, dem anderen bei einem berufsbedingten Ortswechsel nachzufolgen. Das ist aber eine Frage der Abwägung aller Umstände des Einzelfalles.

59 An der Ehewohnung entsteht ein absolutes Recht am **räumlich-gegenständlichen Bereich der Ehe**, das beiden Ehegatten unabhängig von ihrer sonstigen Berechtigung an der Wohnung zusteht. Wird es schuldhaft verletzt, steht jedem Ehegatten deswegen Schadensersatz nach § 823 Abs. 1 BGB zu. Gegen Störungen dieses Rechts kann sicher jeder Ehegatte analog § 1004 Abs. 1 BGB zur Wehr setzen. Eine Störung liegt aber nicht schon in jeder Beeinträchtigung der Nutzung der Ehewohnung, sondern nur in einer, die sich gerade gegen das eheliche Zusammenleben richtet.

Die aus § 1353 Abs. 1 S. 2 BGB abgeleiteten Besitzrechte sind nur **relative Rechte** im Verhältnis der Ehegatten zueinander. Aus einer Verletzung des absoluten Rechts am räumlich-gegenständlichen Bereich der Ehe können dagegen auch Ansprüche **unmittelbar gegen Dritte** abgeleitet werden.

60 **2. Geschlechtsgemeinschaft.** Früher war aus § 1353 Abs. 1 S. 2 BGB eine wechselseitige Pflicht zum ehelichen Verkehr abgeleitet worden. Inwieweit das noch gilt, ist mehr als unklar, vor dem Hintergrund fehlender Durchsetzbarkeit aber auch nicht von Bedeutung. Die Literatur ist sich jedenfalls einig, dass dies nicht Gegenstand eines Eheherstellungsverfahrens sein kann (MüKo.BGB/*Roth* § 1353 Rn. 41).

Die völlige Verweigerung über einen längeren Zeitraum hinweg kann aber einem ehelichen Fehlverhalten des anderen die Einseitigkeit nehmen, was z. B. für § 1579 Nr. 7 BGB von Bedeutung ist.

61 Es besteht ferner eine Verpflichtung zur **sexuellen Treue**. Auch schon den *Anschein* ehewidriger Beziehungen nach außen zu erwecken, verstößt hiergegen. Gegen einen Ehebruch **innerhalb der Ehewohnung** kann sich jeder Ehegatte zudem auch aufgrund des schon (oben Rn. 59) erwähnten Rechts am räumlich-gegenständlichen Bereich der Ehe zur Wehr setzen. Der Unterlassungsanspruch analog § 1004 Abs. 1 S. 2 BGB ist kein Eheherstellungsanspruch. Aus einem entsprechenden Urteil findet daher auch die Zwangsvollstreckung statt.

→ Entscheidungen Nr. 3 und 4

Eine Pflicht zur Mitwirkung bei der **Fortpflanzung** folgt aus § 1353 Abs. 1 S. 2 BGB nicht. Doch ist der gemeinsame Kinderwunsch die stillschweigend vorausgesetzte Regel, so dass *heimliche* Verhütung oder Abtreibung in einer heterosexuellen Ehe ein ehewidriges Verhalten darstellt. **62**

3. Ehegatten schulden einander **Beistand und Rücksicht** sowohl in persönlichen, als auch in Vermögensangelegenheiten. **63**

Zu den **persönlichen Beistandspflichten** gehört es z.B., einen kranken Ehegatten im Rahmen des Zumutbaren zu pflegen. Ehegatten sind einander aus § 1353 Abs. 1 S. 2 BGB i. S. v. § 13 StGB als Garanten allgemein auch verpflichtet, Schaden vom jeweils anderen abzuwenden. **64**
Die **Rücksichtnahmepflicht** konkretisiert sich z.B. in der **Achtung** vor der Würde und dem persönlichen Lebensbereich des anderen. Hierzu gehört es, keine Briefe des anderen zu öffnen oder dessen Tagebücher zu lesen. Auch folgt hieraus eine Pflicht, Strafanzeigen gegen den anderen Ehegatten zu unterlassen, soweit das nicht im Hinblick auf die Schwere der Tat oder eine eventuelle Wiederholungsgefahr ausnahmsweise angemessen erscheint.

Im vermögensrechtlichen Bereich folgt aus der Beistandspflicht ein Anspruch auf **Auskunft** über die wesentlichen Vermögens- und Einkommensverhältnisse des anderen, eine detaillierte Aufstellung kann allerdings nicht verlangt werden. **65**
Ferner kann aus § 1353 Abs. 1 S. 2 BGB die Pflicht folgen, von der Geltendmachung **existenzvernichtender Ansprüche** gegen den anderen Ehegatten abzusehen.

4. **Ausschluss der Verpflichtung.** Die Pflicht zur vollen Herstellung der ehelichen Lebensgemeinschaft endet nach § 1353 Abs. 2 Alt. 2 BGB, wenn die Ehe **gescheitert** ist. Was das konkret bedeutet, wird später (Rn. 165 ff.) behandelt. **66**
Andere aus § 1353 Abs. 1 S. 2 BGB abgeleitete Rechte und Pflichten, vor allem die Beistands- und Rücksichtnahmepflichten enden dagegen grundsätzlich erst mit der Auflösung der Ehe.
Wie bei jedem Dauerrechtsverhältnis können **nachwirkende Treuepflichten** auch noch nach der Eheauflösung bestehen.

→ Entscheidung Nr. 5

II. Ehename

67 **1. Bestimmung eines Ehenamens.** § 1355 Abs. 1 S. 1 BGB ordnet an, dass Ehegatten einen gemeinsamen Ehenamen bestimmen sollen. Tun sie es nicht, hat das allerdings nur die Konsequenz, dass jeder den Familiennamen behält, den er bis jetzt auch geführt hat (§ 1355 Abs. 1 S. 3 BGB). Die Pflicht aus § 1355 Abs. 1 S. 1 BGB ist daher sanktionslos. Eine bindende Pflicht zur Mitwirkung bei der Namensbestimmung kann auch vertraglich nicht vereinbart werden.
Zum Ehenamen kann nach § 1355 Abs. 2 BGB jeder Familienname bestimmt werden, den einer der Ehegatten zur Zeit der Erklärung führt und – falls davon verschieden – auch der Geburtsname eines jeden Ehegatten. Einzig nicht möglich ist die Wahl eines Namens, den ein Ehegatte früher einmal geführt hat, ohne dass es sein Geburtsname ist. Im Höchstfall besteht daher die Wahl zwischen vier verschiedenen Namen.

68 **Beispiel:**
Frau Apfel, geb. Baum, heiratet Herrn von Morungen-Scheiffele, geb. Scheiffele.
Die Eheleute können als Ehenamen „Baum" oder „Scheiffele", aber auch „Apfel" oder „von Morungen-Scheiffele" wählen.

69 Da sich auch der **Geburtsname** eines Menschen im Lauf des Lebens ändern kann (siehe Rn. 290 ff.) legt § 1355 Abs. 6 BGB fest, dass es hier auf den Zeitpunkt der Ehenamensbestimmung ankommt. Das schließt aber nur die Verwendung älterer, zur Zeit der Namensbestimmung schon nicht mehr aktueller Geburtsnamen aus. Ändert sich der Geburtsname eines Ehegatten dagegen, *nachdem* er zum Ehenamen bestimmt wurde, kann nach §§ 1617c Abs. 3, 1767 Abs. 3 S. 3 BGB der andere Ehegatte darüber bestimmen, ob sich dies auf den Ehenamen erstrecken soll.

70 Wenn die Bestimmung *bei* der Eheschließung erfolgt, ist hierfür eine **formlose Erklärung** gegenüber dem Standesamt ausreichend (§ 1355 Abs. 3 S. 1 BGB).
Ein Ehename kann auch jederzeit während der Ehe noch nachträglich bestimmt werden. Auch dann erfolgt die Bestimmung durch Erklärung gegenüber dem Standesamt. Sie muss dann aber **öffentlich beglaubigt** sein (§ 1353 Abs. 3 S. 2 BGB).
Die Bestimmung des Ehenamens ist **unwiderruflich**, sobald sie beim Standesamt eingegangen ist (vgl. § 130 Abs. 1 S. 2 BGB). Von da an ist der gewählte Ehename Familienname beider Ehegatten (§ 1355 Abs. 1 S. 2 BGB).

2. Bildung und Widerruf eines Doppelnamens. Um dem einen Ehegatten die Entscheidung für den Namen des anderen Partners zu erleichtern, erlaubt das Gesetz ihm, einen **Doppelnamen** zu bilden, durch den er seine fortdauernde Identität dokumentieren kann (§ 1355 Abs. 4 S. 1 BGB). Er kann auch dazu wieder *entweder* den Geburtsnamen *oder* den bis zur Bestimmung des Ehenamens geführten Familiennamen verwenden und ihn dem Ehenamen entweder voranstellen oder anhängen. **71**

Beispiel: **72**
Die Eheschließenden aus dem vorgenannten Beispiel wählen „Scheiffele" zum Ehenamen.
Die Ehefrau hat nun die Wahl, entweder den Namen „Baum" oder den Namen „Apfel" zur Bildung eines Doppelnamens zu verwenden. Da sie außerdem die Wahl zwischen dem Voranstellen und Anhängen hat, eröffnet ihr das insgesamt vier Möglichkeiten: Apfel-Scheiffele, Baum-Scheiffele, Scheiffele-Apfel, Scheiffele-Baum.

Der *andere* Ehegatte hat keine Möglichkeit zur Doppelnamensbildung. Ganz logisch ist das nicht. So könnten ja in dem genannten Beispiel beide Eheleute „von Morungen-Scheiffele" heißen, also einen Doppelnamen führen, der aus den Namen eines von ihnen und eines Dritten zusammengesetzt ist. Dagegen verwehrt es ihnen das Gesetz, aus ihrer beiden Namen einen gemeinsamen Doppelnamen (etwa: „Baum-Scheiffele") zu bilden. **73**

Damit Trippelnamen oder noch längere Namensungetüme nicht mehr vorkommen, ist die Bildung eines Doppelnamens in zweifacher Weise **eingeschränkt**: **74**
- Kein weiteres Anhängen oder Voranstellen ist zulässig, wenn schon der Ehename aus mehreren Teilen besteht (§ 1355 Abs. 4 S. 2 BGB), also seinerseits Doppelname ist.
- Besteht umgekehrt der Name, der zur Doppelnamensbildung verwendet werden kann, aus mehreren Teilen, so darf *nur einer* dieser Namensteile vorangestellt oder angehängt werden (§ 1355 Abs. 4 S. 3 BGB).

Beispiel: **75**
a) Die vorgenannten Eheleute wählen „von Morungen-Scheiffele" zum Ehenamen: Die Ehefrau hat keine Möglichkeit zur Doppelnamensbildung.
b) Sie wählen „Apfel" zum Ehenamen: Der Ehemann kann entweder den Namen „Scheiffele" oder den Namen „von Morungen" zur Doppelnamensbildung verwenden, nicht aber den zusammengesetzten Namen „von Morungen-Scheiffele".

76 Die Bildung eines Doppelnamens erfolgt durch **einseitige Erklärung** des Ehegatten, der ihn führen will, gegenüber dem Standesbeamten (§ 1355 Abs. 4 S. 1 BGB). Sie muss *immer* **öffentlich beglaubigt** sein, auch wenn sie schon bei der Eheschließung abgegeben wird (§ 1355 Abs. 4 S. 5 BGB). Eine Frist gibt es auch hierfür nicht. Solange die Ehe besteht, ist die Erklärung möglich. Sie braucht auch nicht im zeitlichen Zusammenhang mit der Bestimmung des Ehenamens zu erfolgen.

77 Ein während der Ehe gebildeter Doppelname kann **widerrufen** werden (§ 1355 Abs. 4 S. 4 Hs. 1 BGB) und zwar auch noch, nachdem die Ehe aufgelöst ist. Der Widerruf ist **endgültig**. Weder kann der Widerruf widerrufen, noch kann erneut nach § 1355 Abs. 4 S. 1 BGB ein Doppelname gebildet werden. Möglich bleibt aber eine Doppelnamensbildung nach § 1355 Abs. 5 BGB, nachdem die Ehe aufgelöst ist.

78 **3. Folgen der Eheauflösung.** Die Auflösung der Ehe durch Tod oder Scheidung hat **keine unmittelbare Auswirkung** auf den Familiennamen. § 1355 Abs. 5 S. 1 BGB bestimmt im Gegenteil, dass der verwitwete oder geschiedene Ehegatte den Ehenamen grundsätzlich behält.
Was im Falle der **Eheaufhebung** geschieht, regelt weder § 1355 Abs. 5 BGB noch § 1318 BGB. Richtigerweise ist daraus der Umkehrschluss zu ziehen, dass mit der Eheaufhebung die Bestimmung des Ehenamens mit Wirkung für die Zukunft wegfällt und jeder Ehegatte den Namen zurückerhält, den er zur Zeit dieser Bestimmung geführt hat (OLG Celle FamRZ 2013, 955). Das ist in der Literatur allerdings umstritten. Dort wird zum Teil die analoge Anwendung von § 1355 Abs. 5 S. 1 BGB auch auf diesen Fall befürwortet.

79 Nach § 1355 Abs. 5 S. 2 BGB kann jeder Ehegatte durch **einseitige Erklärung** gegenüber dem Standesamt

- seinen **Geburtsnamen** wieder annehmen,
- den **Familiennamen** wieder annehmen, den er bis zur Bestimmung des Ehenamens geführt hat, oder
- mit einem dieser Namen und dem Ehenamen einen **Doppelnamen** bilden.

80 Für die Abgabe einer Erklärung nach § 1355 Abs. 5 S. 2 BGB gibt es wiederum **keine Frist**. Ist das Wahlrecht zur Wiederannahme eines früheren Namens aber erst einmal ausgeübt, ist es damit erloschen. Die Doppelnamensbildung kann dagegen auch hier widerrufen werden, da § 1355 Abs. 5 S. 3 BGB auch auf § 1355 Abs. 4 S. 4 Hs. 2 BGB verweist. Außerdem hindert sie die spätere Wiederannahme des Geburtsnamens oder früher geführten Namens nicht. Nach

Widerruf des Doppelnamens ist auch hier keine erneute Bildung eines Doppelnamens zulässig.
Mit der Wahl eines Ehenamens in einer **neuen Ehe** erlöschen die Optionen des § 1355 Abs. 5 S. 2 BGB.

Ein Ehegatte kann sich dem anderen gegenüber **vertraglich verpflichten**, von der Option, den früheren Namen wieder anzunehmen, Gebrauch zu machen. Eine solche Verpflichtung ist gerichtlich durchsetzbar (vgl. BGH NJW 2008, 1528). Durch eine entsprechende **Klausel im Ehevertrag** kann daher verhindert werden, dass der andere Ehegatte den Ehenamen später an einen Dritten „weiterreicht".

III. Haushaltsführung und Familienunterhalt

Über die Rollenverteilung in der Ehe entscheidet nach § 1356 Abs. 1 S. 1 BGB **81**
die **freie Einigung** der Ehegatten. Mangels einer solchen bleibt die Haushaltsführung gemeinschaftliche Aufgabe, zu der beide Ehegatten nach Kräften beizutragen haben.
Wird die Haushaltsführung dagegen einem der Ehegatten übertragen (Hausfrauenehe bzw. Hausmannehe), so hat das zwei Konsequenzen:

- Der den Haushalt führende Ehegatte leitet ihn **in eigener Verantwortung** (§ 1356 Abs. 1 S. 2 BGB), kann daher auch die den Haushalt betreffenden Entscheidungen allein treffen.
- Er erfüllt seine Pflicht, zum **Familienunterhalt** beizutragen, in der Regel schon allein *durch* die Haushaltsführung (§ 1360 S. 2 BGB). Er muss aus einem von ihm erzielten Einkommen zum Familienunterhalt nur beitragen, soweit dieser anderenfalls nicht sichergestellt wäre.

Zur Aufnahme einer **Erwerbstätigkeit** sind beide Ehegatten grundsätzlich auch **82**
ohne Zustimmung des anderen *berechtigt* (§ 1356 Abs. 2 S. 1 BGB). Aus dem Gebot der Rücksichtnahme auf die Familie kann jedoch in besonderen Ausnahmefällen auch einmal die Pflicht folgen, die Aufnahme einer Erwerbstätigkeit zu unterlassen.
Jeder Ehegatte ist zudem verpflichtet, zum **angemessenen Lebensunterhalt** der Familie den ihm möglichen Beitrag zu leisten (§ 1360 S. 1 BGB). Soweit nicht § 1360 S. 2 BGB eingreift, folgt hieraus regelmäßig auch eine *Pflicht* zur Aus-

übung einer zumutbaren Erwerbstätigkeit, falls andere Einkünfte (wie z. B. eine Rente) dafür nicht ausreichen.

83 Die Pflicht, zum Lebensunterhalt beizutragen, besteht zugunsten der **ganzen Familie**, wozu die gemeinsamen, noch im Haushalt lebenden Kinder gehören. Einseitige Kinder des anderen Ehegatten gehören zwar nicht dazu, wohl aber der Unterhalt des durch deren Betreuung gebundenen Ehegatten.
Zum angemessenen Lebensunterhalt gehört nach § 1360a Abs. 1 BGB nicht nur, was zur Bestreitung des gemeinsamen Haushalts, sondern auch, was für die Befriedigung der **persönlichen Bedürfnisse** eines jeden Ehegatten erforderlich ist. Hieraus folgt, dass ein einkommensloser Ehegatte von dem Alleinverdiener in der Regel auch ein **Taschengeld** in Höhe von 5 % bis 7 % von dessen Nettoeinkommen zur freien Verwendung verlangen kann.

84 Der Pflicht korrespondiert ein **wechselseitiger Anspruch** der Ehegatten darauf, die notwendigen Barbeträge einander für eine angemessene Zeit im Voraus zur Verfügung zu stellen (§ 1360a Abs. 2 BGB).

85 Hat ein Ehegatte einen Prozess zu führen, der nicht ausschließlich sein Vermögen betrifft, kann er vom anderen einen **Vorschuss auf die Prozesskosten** verlangen, soweit er sie nicht selbst bestreiten kann (§ 1360a Abs. 4 BGB). Das gilt auch für familiengerichtliche Verfahren gegen diesen Ehegatten.

☞ Der Anspruch aus § 1360a Abs. 4 BGB geht der Verfahrenskostenhilfe (§ 76 ff. FamFG) vor. § 246 Abs. 1 FamFG erlaubt dazu dessen **Geltendmachung im Eilverfahren**.

86 Aus Rechtsgeschäften, die ein Ehegatte mit einem Dritten vornimmt, um den gemeinsamen Lebensbedarf der Familie in dem aufgezeigten weiten Sinne zu decken, werden kraft der sog. **Schlüsselgewalt** des § 1357 Abs. 1 BGB *beide* Ehegatten berechtigt und verpflichtet.

→ Entscheidung Nr. 6 zur Auswirkung von § 1357 Abs. 1 S. 2 BGB auf das dingliche Erfüllungsgeschäft

87 Die Schlüsselgewalt endet, sobald die Eheleute **getrennt leben** (§ 1357 Abs. 3 BGB). Jeder Ehegatte kann sie dem anderen außerdem durch einseitige Erklärung auch **entziehen**. Einem Dritten, der davon nichts wusste, kann dies jedoch nur entgegengehalten werden, wenn der Entzug der Schlüsselgewalt zur Zeit der Vornahme des Geschäfts ins Güterrechtsregister (siehe dazu Rn. 159 ff.) eingetragen war (§ 1357 Abs. 2 BGB).

Kommt die Annahme eines Schlüsselgewaltgeschäftes in Frage, versagt der übliche Prüfungsaufbau für Vertretergeschäfte. Es kommt *nicht* darauf an, ob die Vertretung offengelegt ist, da die Rechtsfolgen des § 1357 BGB *kraft Gesetzes* eintreten. Da der handelnde Ehegatte sich selbst ebenfalls verpflichtet, wird § 1357 BGB am besten wie eine **Haftungsnorm** geprüft.

IV. Weitere vermögensrechtliche Ehewirkungen

§ 1359 BGB räumt Ehegatten im Verhältnis zueinander ein **Haftungsprivileg** ein: Soweit es im Rahmen des Anspruchs eines Ehegatten gegen den anderen auf ein Vertretenmüssen überhaupt ankommt, hat der andere Ehegatte nur für die **eigenübliche Sorgfalt** i. S. v. § 277 BGB einzustehen. **88**

Das gilt zunächst für die aus dem Eherecht folgenden **Sonderrechtsbeziehungen** und die mit der Ehe direkt zusammenhängenden wechselseitigen Geschäfte, so z. B. die Haftung eines Ehegatten, der das Vermögen des anderen in dessen Auftrag verwaltet. Nicht betroffen ist die Haftung aus Vertragsverhältnissen, bei denen sich Ehegatten wie beliebige Dritte (z. B. als Vermieter und Mieter) gegenüber stehen. **89**

Aber auch die **deliktische Haftung** unter Ehegatten ist grundsätzlich nach Maßgabe von § 1359 BGB beschränkt. Anders ist das jedoch wieder, wenn ein Ehegatte dem anderen gegenüber Pflichten verletzt, die keinen Bezug zum Eheleben haben, z. B. einen **Verkehrsunfall** verursacht, bei dem der andere Ehegatte geschädigt wird (BGHZ 53, 352). **90**

Bei der Prüfung von Schadensersatzansprüchen unter Ehegatten kann außer der Haftungsbeschränkung des § 1359 BGB auch noch das aus § 1353 Abs. 1 S. 2 BGB folgende Verbot der Geltendmachung existenzvernichtender Forderungen (oben Rn. 65) eine Rolle spielen, das als von Amts wegen zu beachtender Einwand gegen die Forderung in Frage kommt. Für die Frage, ob der Anspruch verjährt ist, ist ferner die Hemmung der Verjährung während des Bestands der Ehe (§ 207 Abs. 1 S. 1 BGB) zu beachten.

91 § 1362 BGB schließlich enthält zwei **Eigentumsvermutungen**, die als lex specialis denen aus § 1006 BGB vorgehen:
Gegenstände, die offenkundig dem persönlichen Gebrauch eines Ehegatten dienen, gehören ihm im Zweifel auch (§ 1362 Abs. 2 BGB), ohne dass es auf die Besitzverhältnisse an ihnen ankäme.
Sonst wird zugunsten des *Gläubigers* eines Ehegatten unabhängig von den Besitzverhältnissen Alleineigentum seines Schuldners vermutet (§ 1362 Abs. 1 BGB). Im Verhältnis der Ehegatten *zueinander* bleibt es dagegen bei der Anknüpfung der Eigentumsvermutung an den Besitz (§ 1006 Abs. 1 BGB), so dass aus Mitbesitz im Zweifel Miteigentum, aus Alleinbesitz im Zweifel Alleineigentum folgt. Bei der Auseinandersetzung des Hausrats geht dem allerdings wieder § 1568b Abs. 2 BGB vor (siehe Rn. 177).

V. Getrenntleben und seine Folgen

92 **1. Trennung.** Das Gesetz definiert die Trennung in § 1567 Abs. 1 S. 1 BGB. Danach leben Ehegatten getrennt, wenn
- die eheliche Lebensgemeinschaft nicht (mehr) besteht, und
- (mindestens) ein Ehegatte ihre Wiederherstellung ablehnt.

Unerheblich ist, ob ein Sinneswandel dieses Ehegatten – und damit die Wiederaufnahme der ehelichen Lebensgemeinschaft – denkbar oder wahrscheinlich ist. Das spielt vielmehr nur für die Frage eine Rolle, ob die Ehe gescheitert ist und demnach schon gar keine Pflicht zur Aufhebung der Trennung mehr besteht (§ 1353 Abs. 2 Alt. 2 BGB).

93 Die Trennung ist daher geschäftsähnliche Handlung, die ein objektives und ein subjektives Element enthält: Sie erfordert eine von **Trennungswillen** getragene **Trennungshandlung**.

94 Eine, nur durch die äußeren Umstände erzwungene **räumliche Trennung**, z. B. durch Inhaftierung, Versetzung eines Ehegatten durch den Arbeitgeber oder Aufnahme eines pflegebedürftigen Ehegatten in ein Pflegeheim führen mangels eines Trennungswillens nicht zur Trennung.

95 Will ein Ehegatte das Getrenntleben herbeiführen, *nachdem* die Ehegatten bereits rein räumlich getrennt sind, setzt das voraus, dass sich sein Trennungswille **äußerlich erkennbar** in einer Trennungshandlung manifestiert.

Beispiel: 96
Der Ehemann reist im August 2020 in die USA, um dort eine Berufstätigkeit aufzunehmen. Er verspricht, eine Wohnung zu suchen und seine Ehefrau alsbald nachzuholen. Das geschieht jedoch nie. im März 2021 hat es die Ehefrau satt und wechselt das Türschild an der Wohnung gegen eines aus, das nur noch ihren Namen enthält.
Die Eheleute leben erst seit März 2021 getrennt, da zur Zeit ihrer räumlichen Trennung noch keiner von ihnen einen Trennungswillen hatte. Irgendwann müssen beide beschlossen haben, die eheliche Lebensgemeinschaft zu beenden, doch ist auch das noch nicht relevant. Erst das Auswechseln des Türschildes führt die Trennung herbei, weil erst das eine Trennungshandlung ist, in der sich der Trennungswille der Ehefrau manifestiert.

Die Trennung ist eine **vertretungsfeindliche Handlung**. Sie muss von einem 97
lediglich natürlichen Trennungswillen getragen sein, Geschäftsfähigkeit ist nicht erforderlich. Wer keinen natürlichen Trennungswillen mehr bilden kann, kann sich vom anderen grundsätzlich auch nicht mehr trennen. Der Trennung steht es aber gleich, wenn bei einem hirngeschädigten Ehegatten keinerlei Zuneigung zum anderen Ehegatten mehr festzustellen ist, z. B. weil er ihn nicht einmal mehr erkennt.

→ Entscheidung Nr. 7

Man kann nach § 1567 Abs. 1 S. 2 BGB auch **in der gemeinsamen Wohnung** 98
getrennt leben. Dazu muss sich die eheliche Lebensgemeinschaft zu einer schlichten Wohngemeinschaft auseinanderentwickelt haben, etwas, was für Außenstehende kaum nachprüfbar ist.
Auch hier ist der Wille, die eheliche Lebensgemeinschaft nicht mehr fortzusetzen, nicht schon allein ausreichend, sondern er muss sich **in äußeren Merkmalen** manifestieren. Dazu müssen nicht alle Gemeinsamkeiten aufgegeben werden. Sie dürfen aber nicht über das von der Situation zwingend diktierte Maß hinausgehen. Der (auch gemeinsame) Entschluss, die Ehe zu beenden, aber weiterhin wie Ehegatten zusammenleben zu wollen, führt keine Trennung herbei.

→ Entscheidung Nr. 8

Die Trennung beendet die Ehe und ihre Wirkungen grundsätzlich nicht, son- 99
dern nur, soweit dies für einzelne Ehewirkungen besonders angeordnet wird:
Die **Pflicht zur ehelichen Lebensgemeinschaft** bleibt bestehen. Sie endet erst wenn die Ehe gescheitert ist (§ 1353 Abs. 2 S. 2 BGB), was die Prognose voraussetzt, dass die Trennung endgültig sein wird (vgl. Rn. 167). Zur Regelung der

Besitzverhältnisse am Hausrat und an der Ehewohnung gelten nun außerdem die Spezialbestimmungen in §§ 1361a, 1361b BGB.
Die **Schlüsselgewalt** endet mit der Trennung (§ 1357 Abs. 3 BGB). Das **Haftungsprivileg** aus § 1359 BGB bleibt dagegen bis zur Scheidung erhalten.
An die Stelle der Verpflichtungen aus §§ 1356 Abs. 2, 1360, 1360a BGB tritt der Anspruch auf **Trennungsunterhalt** nach § 1361 BGB.

100 Die **Eigentumsvermutung** zugunsten von Gläubigern endet nach § 1362 Abs. 1 S. 2 BGB ebenfalls mit dem Getrenntleben, doch ist *hierfür* allein auf die **räumliche Trennung** abzustellen, weil schon damit der tatsächliche Grund für dieses Gläubigerprivileg entfällt.

101 **2. Wohnungszuweisung.** Aus § 1361b Abs. 1 S. 1 BGB kann der Anspruch eines Ehegatten folgen, dass der andere ihm die ganze Wohnung oder einen Teil davon zur alleinigen Nutzung überlässt. Der Anspruch hat im Einzelnen **folgende Voraussetzungen**:

- Die Ehegatten müssen entweder schon getrennt leben oder der Antragsteller muss die Trennung dadurch **herbeiführen** wollen. Es ist ausreichend, dass er eine räumliche Trennung herbeiführen will, ohne die eheliche Lebensgemeinschaft in vollem Umfang aufzuheben.
- Der Antragsteller muss Gründe geltend machen können, aus denen es ihm nicht mehr zugemutet werden kann, sämtliche Räume der Wohnung mit dem anderen zu teilen. Dafür reicht es nicht, dass ihm dies nur *lästig* ist. Es muss **objektiv unzumutbar** sein.
- Dem Antragsgegner muss – unter Abwägung der Gründe, die der Antragsteller für seinen Antrag hat – der Auszug oder der Verzicht auf einige Räume **zumutbar** sein.
- Es darf auch nicht etwa dem Antragsteller eher als dem Antragsgegner der Auszug oder Verzicht auf diese Räume zugemutet werden können.
- Ein *dingliches* Nutzungsrecht (etwa: aus Eigentum oder einem dinglichen Wohnrecht), das nur *einem* der Ehegatten zusteht, verschiebt die Gewichte zugunsten seines Inhabers, ob das nun der Antragsteller oder der Antragsgegner ist. Es schließt aber die Entscheidung zugunsten des *anderen* Ehegatten nicht aus. Dessen Gründe müssen nur auch im Lichte dieser dinglichen Berechtigung noch die besseren sein. Besteht nur ein *schuldrechtliches* Nutzungsrecht an der Wohnung (z. B. aus Mietvertrag), spielt es dagegen keine Rolle, welchem Ehegatten es zusteht.

102 § 1361b Abs. 2 S. 1 BGB besagt, dass ein Ehegatte, der das **Opfer eines Angriffs** des anderen Ehegatten auf seinen Körper oder seine Freiheit geworden oder der vom anderen mit einem solchen Angriff bedroht worden ist, *regelmäßig* die alleinige Zuweisung der gesamten Wohnung verlangen kann.

Auch ein Ehegatte, der die Wohnung zunächst – z. B. aus Angst vor Gewalttätigkeiten – selbst verlassen hat, kann den Antrag stellen, wegen § 1361b Abs. 4 BGB jedoch nur innerhalb von **sechs Monaten** seit dem Auszug.

Nach § 1361b Abs. 3 S. 2 BGB hat ein Ehegatte, der dem andern die Wohnung 103
ganz überlassen muss, Anspruch auf eine **Nutzungsvergütung**, es sei denn, dies wäre im Einzelfall unbillig. Das gilt über den Wortlaut der Vorschrift hinaus auch für Fälle, in denen die Ehegatten die Nutzung einvernehmlich geregelt haben ohne sich in der Frage der Entschädigung ebenfalls geeinigt zu haben.

Eine Wohnungszuweisung nach § 1361b Abs. 1 S. 1 BGB beeinflusst **Rechtsver-** 104
hältnisse zu Dritten nicht. Ist ein Ehegatte alleiniger Mieter der Wohnung, bleibt er dies auch, solange sich nicht beide Ehegatten mit dem Vermieter über eine Vertragsänderung geeinigt haben. Dasselbe gilt, wenn die Eheleute die Wohnung gemeinsam gemietet haben. Aus § 1361b Abs. 3 S. 1 BGB folgt zwar ein Kündigungsverbot für den aus der Wohnung gewiesenen Mieter, das aber ebenfalls keine Außenwirkung hat. Eine dennoch von ihm ausgesprochene Kündigung ist wirksam.

Die Wohnungszuweisung ist **Ehewohnungssache** des Familiengerichts (§ 200 105
Abs. 1 Nr. 1 FamFG). Macht der Antragsteller ein **Eilbedürfnis** glaubhaft, kann das Gericht zunächst per einstweiliger Anordnung (§ 49 ff. FamFG) entscheiden. Da auch das in Fällen häuslicher Gewalt oft zu spät käme, sehen die Polizeigesetze der Länder zum Teil besondere polizeiliche Maßnahmen („Wegweisung") vor. Notwendig ist das nicht. Die Polizei verfügt mit den Maßnahmen des Platzverweises und des Beseitigungsgewahrsams auch sonst über Mittel, die Gefahr zunächst zu beenden, ohne dass das Gewaltopfer die Wohnung verlassen muss.

3. Verteilung des Hausrats. Jeder Ehegatte kann *nach der Trennung* von dem 106
anderen Herausgabe der in seinem **Alleineigentum** stehenden Haushaltsgegenstände (zu diesem Begriff s. Rn. 133 f.) verlangen (§ 1361a Abs. 1 S. 1 BGB). Er muss sie dem anderen aber ausnahmsweise zur Benutzung überlassen, soweit und solange dieser sie zur Führung eines abgesonderten Haushalts dringend benötigt und die Überlassung nach den Umständen des Falles der Billigkeit entspricht (§ 1361a Abs. 1 S. 2 BGB).
Soweit Haushaltsgegenstände im **Miteigentum** beider Ehegatten stehen, kann jeder eine Verteilung nach Maßgabe der Billigkeit verlangen (§ 1361 Abs. 2 S. 1

BGB). Entsprechend § 1568b Abs. 2 BGB wird bei Hausrat, der während der Ehe angeschafft wurde, auch schon hier Miteigentum vermutet.
Bei einer **einvernehmlichen Hausratsteilung** steht es den Ehegatten frei, eine endgültige Regelung zu treffen, die auch die Eigentumsverhältnisse am Hausrat neu ordnet. Soweit jedoch das **Familiengericht** eine Regelung trifft, entscheidet es nur über die Besitzverhältnisse (§ 1361a Abs. 4 BGB) und nur für die Dauer der Trennung. Mit Rechtskraft der Scheidung endet die Wirkung einer solchen Anordnung.
Das Familiengericht kann, wenn es die Überlassung von Hausrat anordnet, ein **Nutzungsentgelt** festsetzen (§ 1361a Abs. 3 S. 2 BGB).

107 § 1361a BGB enthält eine **abschließende Spezialregelung**, die die Geltendmachung der allgemeinen Ansprüche aus §§ 985, 749 Abs. 1 BGB auch noch für die Trennungszeit ausschließt.

108 4. **Trennungsunterhalt.** Nach § 1361 Abs. 1 S. 1 BGB kann ein getrennt lebender Ehegatte vom anderen, während der Trennungszeit, den nach den gemeinsamen Erwerbs- und Vermögensverhältnissen angemessenen Unterhalt verlangen.
Der Unterhalt ist durch eine monatlich im Voraus zu zahlende Rente zu gewähren (§ 1361 Abs. 4 BGB).

109 Was an Unterhalt „angemessen" ist, bestimmen die Gerichte nach einem von den Oberlandesgerichten selbst geschaffenen Regelwerk, der sog. **Düsseldorfer Tabelle**. Sie wird allerdings in den einzelnen OLG-Bezirken wiederum nicht einheitlich angewendet, denn die Oberlandesgerichte erlassen zur Düsseldorfer Tabelle noch Unterhaltsleitlinien, die leicht voneinander abweichen. Die Düsseldorfer Tabelle wiederum wird in regelmäßigen Abständen neu veröffentlicht.

> Die Düsseldorfer Tabelle und die Leitlinien aller Oberlandesgerichte können in der aktuellen Fassung und auch in früheren Fassungen von der Homepage des Familiengerichtstags – https://www.dfgt.de – heruntergeladen werden.

110 Der Anspruch unter Ehegatten ist auf den eheangemessenen Bedarf gerichtet. Das ist der Bedarf, der den **ehelichen Lebensverhältnissen** entspricht und im Wesentlichen durch das Einkommen beider Ehegatten geprägt ist.
Dies läuft in der Regel darauf hinaus, dass das von den Ehegatten gemeinsam erwirtschaftete Einkommen hälftig geteilt werden muss (**Halbteilungsprinzip**). Von einem Erwerbseinkommen steht jedoch demjenigen, der es erzielt, ein Abzug von 1/7 für die berufsbedingten Aufwendungen und als Erwerbsanreiz

zu (sog. **Erwerbstätigenbonus**). Ist ausschließlich Erwerbseinkommen zu verteilen, kann man die Rechnung vereinfachen: Der Alleinverdiener muss dann 3/7 seines Einkommens abgeben. Verdienen beide, sind 3/7 der Einkommensdifferenz zu zahlen. Ist auch Nichterwerbseinkommen zu berücksichtigen, muss dieses aber hälftig geteilt werden.

Beispiel: 111
S und T leben getrennt. S ist Rentner und erhält € 1.300 Rente im Monat. T arbeitet halbtags als Friseur und verdient dort € 700 im Monat. Wie viel Trennungsunterhalt steht T zu?
S muss an T die Hälfte seiner Rente abgeben (Nichterwerbseinkommen). T muss sich darauf 3/7 seines Gehaltes anrechnen lassen (Erwerbseinkommen). S erhält € 650 – € 300 = € 350.

Ob und ggf. ab wann den Unterhaltsgläubiger eine **Erwerbsobliegenheit** trifft – 112
er also eine Erwerbstätigkeit aufnehmen oder eine Teilzeit- zur Vollzeitbeschäftigung ausweiten muss – ist nach § 1361 Abs. 2 BGB eine Frage der **Umstände des Einzelfalles**. Hierbei sind u. a. die Dauer des Zusammenlebens vor der Trennung, die Dauer der Trennung, Alter, Krankheit, Ausbildungsstand, Rollenverteilung während der Ehe und Kinderbetreuungspflichten (auch von vorehelichen Kindern) zu berücksichtigen. Jedenfalls kann die Erwerbsobliegenheit nicht weiter gehen, als sie ginge, wenn die Ehe schon geschieden wäre.
Die Verletzung einer Erwerbsobliegenheit führt zur Anrechnung eines **fiktiven Einkommens**, nämlich des Einkommens, welches der Berechtigte erzielen würde, wenn er seiner Obliegenheit nachkäme.
Wer sich ernsthaft **um Arbeit bemüht**, verletzt seine Obliegenheit nicht. Wer sich dagegen nicht bemüht, ist dafür, dass er auch bei ernsthafter Bemühung keine Arbeit gefunden hätte, beweispflichtig.

→ Entscheidung Nr. 9

Trennungsunterhalt kann infolge eines der in § 1579 Nr. 2 bis 8 BGB geregelten 113
Tatbestände ganz oder zum Teil **verwirkt** sein. Nur auf § 1579 Nr. 1 BGB verweist § 1361 Abs. 3 BGB nicht. Das hat seine Logik darin, dass die Ehe noch andauert und es für die „kurze Ehedauer" auch auf die Dauer der Ehe als solcher, nicht lediglich auf die Dauer des Zusammenlebens ankommt. Sehr kurzes Zusammenleben kann jedoch u. U. als unbenannter Ausschlussgrund nach § 1579 Nr. 8 BGB in Frage kommen.

4. Kapitel **Ehegüterrecht**

I. Ehevertrag

114 Neben den im dritten Kapitel besprochenen allgemeinen vermögensrechtlichen Ehewirkungen, die für alle Ehen gleichermaßen gelten, gibt es noch vermögensrechtliche Regeln, die wir als **Güterstand** bezeichnen und die zur Disposition der Ehegatten stehen.
Das Gesetz unterscheidet zwischen dem gesetzlichen Güterstand der **Zugewinngemeinschaft** (§ 1363 bis 1390 BGB) und den außerdem vom Gesetz zur Wahl gestellten vertraglichen Güterständen der **Gütertrennung** (§ 1414 BGB), der **Gütergemeinschaft** (§§ 1415 bis 1518 BGB) und der **Wahl-Zugewinngemeinschaft** (§ 1519 BGB).

115 Die Wahl eines dieser Güterstände geschieht durch **Ehevertrag** (§ 1408 Abs. 1 BGB), der der notariellen Beurkundung bedarf (§ 1410 BGB).
Die **Vertragsfreiheit** ist in mehrfacher Hinsicht eingeschränkt: Zunächst ist das formale Verweisungsverbot in § 1409 BGB zu beachten. Sodann herrscht insofern ein **Typenzwang**, als der Ehevertrag sich dazu verhalten muss, welcher der im Gesetz vorgesehenen Güterstände gewählt werden soll, und der Ehevertrag darf diesen in seinem **Kern** nicht verändern. Wählen die Ehegatten Gütertrennung, dürfen sie nicht eine Beteiligung am Vermögenszuwachs vorsehen, die einem Zugewinnausgleich nahekommt. Schließlich ist noch der Typenzwang des **Sachenrechts** zu beachten: Die Ehegatten können außerhalb der in §§ 1415 ff. BGB geregelten Formen *dingliche* Rechte an den ihnen gehörenden Sachen nur nach Maßgabe der Vorschriften des Dritten Buchs begründen oder aufheben.
Schließen die Ehegatten **keinen Ehevertrag**, verbleibt es beim gesetzlichen Güterstand.

116 Eheverträge erfüllen die Voraussetzungen des § 305 Abs. 1 S. 1 BGB zwar auf keinen Fall, da die Ehe auf Lebenszeit geschlossen wird und die Annahme ihrer Vorformulierung für eine Vielzahl von Verträgen daher ausscheidet. Sie unterliegen aber dennoch einer **Inhaltskontrolle** (BVerfG NJW 2001, 957) in Anwendung der Generalklauseln in §§ 138 Abs. 1, 242 BGB. Für den Versorgungsausgleich findet sich in § 8 Abs. 1 VAG eine inhaltsgleiche spezialgesetzliche Regelung.

→ Entscheidung Nr. 10

Wegen Sittenwidrigkeit **nichtig** (§ 138 Abs. 1 BGB) ist ein Ehevertrag, der zu einer evident einseitigen Lastenverteilung bei der Scheidung führt, soweit dies nicht durch die individuelle Lebensgestaltung gerechtfertigt ist (**Wirksamkeitskontrolle**). **117**
Ist das hinsichtlich des Ehevertrags zur Zeit seines Abschlusses noch nicht der Fall, zeigt sich aber bei der Scheidung, dass eine Klausel diese Wirkung hat, so ist die Berufung auf die benachteiligende Klausel nach § 242 BGB ausgeschlossen (**Ausübungskontrolle**).

Beides orientiert sich zunächst am **gesetzlichen Leitbild** der Scheidungsfolgen, **118** die ganz ohne Ehevertrag gelten würden. Je stärker der Ehevertrag von diesem Leitbild abweicht, desto besser muss das aus den besonderen Umständen der konkreten Lebensplanung begründbar sein. Dabei nimmt der Bundesgerichtshof eine Rangabstufung von Regelungen mit jeweils abweichendem Gewicht vor. Hierbei rangiert der Betreuungsunterhalt (§ 1570 BGB) an oberster Stelle. Es folgen die Unterhaltstatbestände aus §§ 1571, 1572 BGB und auf derselben Stufe der Versorgungsausgleich, dann weitere Unterhaltstatbestände und auf der untersten Stufe erst der Zugewinnausgleich. Die Ehe ist eben eine Lebens-, keine Vermögensgemeinschaft.

Es kann auch darauf ankommen, in welcher Situation der Vertrag abgeschlossen worden ist. **119** In einem als **Scheidungsfolgenvereinbarung** im Vorfeld der Scheidung abgeschlossenen Ehevertrag ist die Gefahr geringer, dass Klauseln an der Inhaltskontrolle scheitern als in einem bei Eheschließung abgeschlossenen Vertrag. Findet das auch noch unter psychischem (oder moralischem) Druck statt – z.B. weil die Frau schwanger ist – ist es unwahrscheinlich, dass mehr als nur marginale Benachteiligungen, die nicht durch anderweitige Vorteile ausgeglichen werden, Bestand haben werden.

Beispiel: **120**
Franz und Paula sind beide im mittleren Management tätig und erzielen ein gehobenes Einkommen. Sie beschließen, eine kinderlose Ehe zu führen und beide weiterhin ihrer Berufstätigkeit nachzugehen. Daher schließen sie einen Ehevertrag, in dem sie wechselseitig auf nachehelichen Unterhalt und Versorgungsausgleich verzichten.

In diesem Ehevertrag ist keine der Klauseln nach § 138 Abs. 1 BGB nichtig, **121** denn keine benachteiligt erkennbar einen der Ehegatten, da sie auf all diese Ansprüche *wechselseitig* verzichtet haben und davon ausgehen konnten, dass jeder von Ihnen nach einer Scheidung zur weiteren angemessenen Eigenversorgung in der Lage sein würde.

Entwickeln sich die Dinge dagegen anders als geplant, bekommt z. B. Paula ein behindertes Kind, um das sie sich unter Aufgabe ihrer Berufstätigkeit kümmert, ist es Franz im Falle einer Scheidung nach § 242 BGB verwehrt, sich auf die Klauseln im Ehevertrag zu berufen, die Paula einseitig benachteiligen und denen sie nicht zugestimmt hätte, hätte sie die Entwicklung vorausgeahnt. Davon dürfte praktisch jede der zitierten Klauseln betroffen sein. Paula kann nach der Scheidung Betreuungsunterhalt (§§ 1569, 1570 BGB) und Versorgungsausgleich (§ 1587 BGB) verlangen und auch ob es beim vollständigen Ausschluss des Zugewinnausgleichs bleiben wird, ist hier zweifelhaft. Womöglich bleibt er insoweit teilweise wirksam, als er die Zeit bis zur Geburt des Kindes betrifft.

122 Die **Wahl-Zugewinngemeinschaft** ist in einem bilateralen deutsch-französischen Abkommen geregelt. In erster Linie soll sie in deutsch-französischen Ehen die Möglichkeit schaffen, sich nicht für eine nationale Regelung entscheiden zu müssen. Wählbar ist sie jedoch auch für rein inländische Ehen. Der wichtigste Unterschied zum gesetzlichen Güterstand besteht darin, dass beim Tod eines Ehegatten kein pauschalierter Ausgleich stattfindet, sondern seine Erben vollständig in seine Rechtsstellung einrücken. Die weiteren Unterschiede betreffen Detailfragen.

II. Zugewinngemeinschaft

123 Die **Grundidee** der Zugewinngemeinschaft kann §§ 1363 Abs. 2, 1364 BGB direkt entnommen werden:

- **Während der Ehe** entspricht sie im Wesentlichen der Gütertrennung. Weder wird das in die Ehe Eingebrachte noch das später Erworbene gemeinschaftliches Vermögen. Das Vermögen bleibt getrennt und wird auch nicht etwa gemeinschaftlich verwaltet.
- Bei **Auflösung** der Ehe findet dagegen ein Ausgleich statt.

124 Der **Zugewinnausgleich** kann in zwei verschiedenen Formen stattfinden:

- Wird die Ehe durch Tod aufgelöst und gehört der überlebende Ehegatte zu den Erben oder Vermächtnisnehmern des Verstorbenen, wird der Zugewinnausgleich durch Erhöhung des gesetzlichen Erbteils um ein Viertel des Nachlasses bewerkstelligt (erbrechtlicher Zugewinnausgleich, § 1371 Abs. 1 BGB).
- Sonst kann derjenige, der in der Ehe den geringeren Zugewinn erwirtschaftet hat, hälftigen Ausgleich vom anderen fordern (güterrechtlicher Zugewinnausgleich, §§ 1373 bis 1390 BGB).

Der Anspruch auf Zugewinnausgleich ist zwar vererblich, kann aber nur in der Person eines Ehegatten entstehen (vgl. § 1378 Abs. 3 S. 1 BGB). Hat der nicht am Nachlass beteiligte überlebende Ehegatte den höheren Zugewinn selber erzielt oder sterben beide Ehegatten gleichzeitig, kann daher nichts verlangt werden. **125**

1. Verfügungsbeschränkungen. Die einzige Wirkung, die der gesetzliche Güterstand schon während der Ehe entfaltet, sind die in §§ 1365 bis 1369 BGB näher geregelten Verfügungsbeschränkungen. Betroffen sind davon Verträge über das **gesamte Vermögen** eines Ehegatten und solche über **Haushaltsgegenstände**. **126**

§ 1365 Abs. 1 S. 1 BGB bestimmt, dass ein Ehegatte, der sich verpflichtet, über sein **Vermögen im Ganzen** zu verfügen, hierzu der Zustimmung des anderen Ehegatten bedarf. **127**
Hier mag man zunächst an die in § 311b Abs. 3 BGB geregelten Verträge denken, bei denen ein Vermögen als solches, also ein Inbegriff von Sachen und Rechten Vertragsgegenstand ist. Die Rechtsprechung legt § 1365 Abs. 1 BGB aber weiter aus: Auch schon die Verfügung über einen **einzelnen Vermögensgegenstand** ist zustimmungsbedürftig, wenn dieser Vermögensgegenstand das Vermögen des Ehegatten im Wesentlichen ausmacht (sog. Einzeltheorie). Das ist nach der Rechtsprechung der Fall, wenn der Vermögensgegenstand, über den verfügt werden soll, mindestens 85 bis 90 % des objektiven Wertes des gesamten Aktivvermögens ausmacht.
Soweit das Verpflichtungsgeschäft nach § 1365 Abs. 1 S. 1 BGB zustimmungsbedürftig ist, sind es alle zur Erfüllung vorgenommenen **Verfügungen** ebenfalls. § 1365 Abs. 1 S. 2 BGB enthält hier eine Durchbrechung des Abstraktionsgrundsatzes: Die Wirksamkeit der Verfügung hängt von derjenigen der Verpflichtung ab. Verfügungen, die zur Erfüllung einer *wirksamen* Verpflichtung vorgenommen werden, sind umgekehrt stets wirksam.

Da es sich hier nicht um Verfügungen eines Nichtberechtigten handelt, finden § 932 ff. BGB zugunsten des Vertragspartners des Ehegatten keine Anwendung. Der **gute Glaube** an die Verfügungsbefugnis ist hier nicht geschützt. Es hilft einem Dritten daher z. B. gar nichts, wenn er gutgläubig davon ausgegangen ist, mit einem Nichtverheirateten einen Vertrag zu schließen (s. auch § 1366 Abs. 2 BGB). **128**
Um den Rechtsverkehr aber nicht mit zu großen Unsicherheiten zu belasten, wird diese großzügige Auslegung des § 1365 Abs. 1 BGB in zwei Richtungen wieder **eingeschränkt**:

- Betrifft das schuldrechtliche Geschäft nicht explizit das gesamte Vermögen, so fällt es nur unter § 1365 Abs. 1 S. 1 BGB, wenn der Dritte, dem gegenüber die Verpflichtung übernommen wird, **positive Kenntnis** davon hat, dass es sich bei dem Gegenstand des Geschäfts im Wesentlichen um das gesamte Vermögen seines Vertragspartners handelt oder wenn er zumindest die Umstände positiv kannte, aus denen sich das ergibt. Ein Irrtum bei der Bewertung verschiedener Vermögensgegenstände geht dabei also zu seinen Lasten.

- Nicht jede Verfügung über einen Gegenstand, der das Vermögen im Wesentlichen ausmacht, wird von § 1365 BGB erfasst, sondern nur eine, die seinen wirtschaftlichen **Wert erschöpft**. Die Belastung eines Grundstücks mit einem Nießbrauch wird dies z. B. regelmäßig tun, die Belastung mit einer Hypothek dagegen nur, wenn ihr Betrag nicht deutlich hinter dem objektiven Wert des Grundstücks zurückbleibt.

129 **Beispiel:**

Paul ist Eigentümer eines großen Hausgrundstücks nahe München mit einem Verkehrswert von € 2.200.000, außerdem eines kleinen Wochenendhäuschens im Bayerischen Wald im Wert von € 200.000. Weiteres nennenswertes Vermögen besitzt er nicht. Er verkauft nun sein Münchner Haus an seinen Vetter Peter für € 1.700.000, der nicht erkennt, dass das sehr günstig gekauft ist. Peter weiß auch nicht, dass Paul kürzlich Irene geheiratet hat. Er kennt aber Pauls Vermögensverhältnisse.

Der Vertrag ist ohne Irenes Zustimmung nach §§ 1365 Abs. 1 S. 1, 1366 Abs. 1 BGB unwirksam, denn Peter kannte die objektiven Umstände, aus denen sich ergab, dass das gekaufte Haus über 90 % von Pauls Vermögen ausmachte. Dass er von Pauls Ehe nichts wusste, ist nicht relevant. Es gibt ihm lediglich das Recht, den Vertrag seinerseits zu widerrufen (§ 1366 Abs. 2 BGB).

→ Entscheidung Nr. 11

130 Das Familiengericht kann die Zustimmung des andern Ehegatten **ersetzen**, wenn dieser sie ohne vernünftigen Grund verweigert oder gar nicht zustimmen kann (§ 1365 Abs. 2 BGB).

Verträge sind ohne die nach § 1365 Abs. 1 BGB erforderliche Zustimmung schwebend unwirksam (§ 1366 Abs. 1 BGB). Sie werden (rückwirkend, vgl. § 184 Abs. 1 BGB) wirksam, wenn die Zustimmung nachträglich erteilt oder ersetzt wird (§ 1366 Abs. 3 BGB), endgültig nichtig, wenn der andere Ehegatte die Genehmigung verweigert (§ 1366 Abs. 4 BGB).

Einseitige Rechtsgeschäfte, die ohne Zustimmung vorgenommen wurden, sind nichtig (§ 1367 BGB). Sie müssen erneut vorgenommen werden, wenn die Zustimmung vorliegt.

Dem Ehegatten, dessen Zustimmung benötigt worden wäre, steht gegen den- 131
jenigen, der aus einem solchen Vertrag etwas erhalten hat, die **Revokationsklage** zu (§ 1368 BGB). Dabei handelt es sich um einen Fall gesetzlicher Prozessstandschaft: Er hat keine eigenen Rückgewährsansprüche, aber er kann die Rückgewährsansprüche des anderen Ehegatten im eigenen Namen gerichtlich geltend machen. Das gilt für dingliche Ansprüche (§§ 894, 985 BGB) ebenso wie für solche aus ungerechtfertigter Bereicherung (§ 812 Abs. 1 S. 1 Alt. 1 BGB). Der Ehegatte, der das unwirksame Geschäft vorgenommen hat, kann diese Ansprüche aber auch selbst geltendmachen.

Denselben Beschränkungen sind nach § 1369 BGB Verträge über **Haushaltsge-** 132
genstände unterworfen. Sowohl die Verpflichtung, einen Haushaltsgegenstand zu veräußern als auch die Veräußerung eines Haushaltsgegenstandes sind ohne Zustimmung des anderen Ehegatten unwirksam. Auch hier gibt es keinen Gutglaubensschutz, soweit der andere Vertragspartner nur die Umstände kannte, aus denen sich ergab, dass es sich um einen Haushaltsgegenstand handelte.
Das gilt allerdings nur, soweit ein Ehegatte über ein *eigenes* Recht verfügt. Die Verfügung über eine Sache, die ihm *nicht* gehört, folgt den gewöhnlichen Regeln. Gutgläubiger Erwerb an Haushaltsgegenständen, die dem *anderen* Ehegatten gehören, ist daher grundsätzlich möglich, wird aber meist daran scheitern, dass ihm der Mitbesitz entzogen wurde, was für ein Abhandenkommen der Sache i. S. v. § 935 Abs. 1 BGB ausreicht (BeckOK-BGB/ Kindl § 935 Rn. 4).

Haushaltsgegenstände sind alle beweglichen Sachen, die der **gemeinsamen pri-** 133
vaten Lebensgestaltung der Familie zu dienen bestimmt sind und zumindest einem der Ehegatten gehören. Sie müssen sich dazu nicht in der Ehewohnung befinden und brauchen auch keinen Bezug zur Haushaltsführung im engeren Sinne zu haben. Am besten lässt sich der Kreis der Haushaltsgegenstände negativ eingrenzen:
Kein Haushaltsgegenstand ist, was
- keinem der Eheleute gehört, wobei es aber schon genügt, wenn einer von ihnen Miteigentum oder ein Anwartschaftsrecht an dem Gegenstand hat,
- keine bewegliche Sache ist (sondern ein Grundstück, ein beschränktes dingliches Recht an einer Sache, eine Forderung),
- ausschließlich einem der Ehegatten zu dienen bestimmt ist,
- ausschließlich oder überwiegend der (auch gemeinsamen) Berufs- oder Gewerbeausübung dient,
- nicht benutzt werden, sondern nur als Kapitalanlage dienen soll.

→ Entscheidung Nr. 12

134 Auf den Wert der Sache kommt es nicht an. Auch recht wertvolle Gegenstände wie das überwiegend privat genutzte Auto oder die Yacht, auf der die Familie die Freizeit verbringt, sind Haushaltsgegenstände.
Bei Gegenständen, die der **Ausübung eines Hobbys** dienen, kommt es darauf an, ob das Hobby nur von einem Ehegatten betrieben wird oder von beiden gemeinsam. Bei Gegenständen, die der Berufsausübung dienen, ist das dagegen nicht von Bedeutung. Sie sind auch dann keine Haushaltsgegenstände, wenn sie von den Ehegatten gemeinsam benutzt werden. Bei sowohl privat als auch beruflich genutzten Gegenständen kommt es auf die überwiegende Nutzung an. Vor allem bei einem Pkw ist die Frage, ob er Haushaltsgegenstand ist oder nicht, oft gar nicht so einfach zu beantworten.
Auch **Haustiere** können Haushaltsgegenstände sein. Es kommt auch bei ihnen auf die überwiegende Nutzung (privat oder beruflich, gemeinsam oder exklusiv) an.

→ Entscheidung Nr. 13

135 Die §§ 1365 ff. BGB gelten bis zur **Auflösung der Ehe** oder der vorzeitigen Beendigung des Güterstandes (vgl. dazu Rn. 138). Eine Sache hört aber auf, Haushaltsgegenstand zu sein, wenn die Ehegatten sich endgültig – also nicht lediglich für die Zeit der Trennung – darüber geeinigt haben, dass einer von ihnen sie allein behalten soll.

136 **2. Zugewinnausgleich.** Die Vermögenstrennung während der Ehe kann dazu führen, dass sich am Ende der Ehe das Vermögen höchst ungerecht verteilt. Vor allem in einer Alleinverdienerehe wird oft nur derjenige Ehegatte Vermögen bilden, der das Einkommen erzielt, obwohl der andere durch die Führung des Haushalts zum gemeinsamen Wohlstand einen prinzipiell gleichwertigen Beitrag geleistet hat.

137 Dem wird der gesetzliche Güterstand dadurch gerecht, dass er dem benachteiligten Ehegatten einen **Ausgleichsanspruch** einräumt.
Fällig wird dieser Anspruch, wenn die Ehe
- durch Scheidung aufgelöst wird,
- durch den Tod eines Ehegatten aufgelöst wird, der überlebende Ehegatte nicht zu seinen Erben gehört und ihm ein Anspruch zusteht.

Der überlebende Ehegatte kann das Erbe ausschlagen, um Zugewinnausgleich verlangen zu können (§ 1371 Abs. 3 BGB). Den Erben des verstorbenen Ehegatten steht dagegen unter keinen Umständen Zugewinnausgleich zu.

138 Unter den in § 1385 BGB näher bestimmten Voraussetzungen kann ein Ehegatte **vorzeitigen Zugewinnausgleich** verlangen. Dann wird der Güterstand schon

während der Ehe beendet, der Zugewinn ggf. ausgeglichen und anschließend tritt nach § 1388 BGB Gütertrennung ein. Damit nicht nur der Ehegatte, dem ein Ausgleichsanspruch zusteht, den Güterstand vorzeitig beendigen kann, gibt das Gesetz in § 1386 BGB dieses Recht auch einem Ehegatten, dem kein Ausgleichsanspruch zusteht oder der jedenfalls keinen geltend machen will.
Voraussetzung hierfür ist, dass die Ehegatten seit drei Jahren getrennt leben, oder der Antragsgegner eine der in § 1385 Nr. 2 bis 4 BGB genannten Handlungen begangen hat.

Wie der Zugewinnausgleich im Einzelnen durchgeführt wird, regeln die §§ 1373 **139**
bis 1384 BGB. Hier sollen nur die Grundlagen dieser Rechnung vorgestellt, nicht die in den Details steckenden vielfältigen Probleme näher erläutert werden.
Die Berechnung des Zugewinnausgleichs geschieht in **vier Schritten**:

a) Anfangsvermögen. Ausgangspunkt für die Berechnung des Zugewinnaus- **140**
gleichs bildet das Vermögen beider Ehegatten am **Tag der Eheschließung** (§ 1374 Abs. 1 BGB), und zwar dessen Gesamtwert, also die Summe aller positiven Vermögenswerte abzüglich der Verbindlichkeiten, und zwar, wie § 1374 Abs. 3 BGB klarstellt, auch soweit die Passiva die Aktiva übersteigen.
Dem Anfangsvermögen wird Vermögen **hinzugerechnet**, das ein Ehegatte während der Ehe unentgeltlich erworben hat, sei es unter Lebenden, sei es von Todes wegen (§ 1374 Abs. 2 BGB). Das betrifft Erbschaften, Vermächtnisse, Pflichtteilsansprüche, Schenkungen, Ausstattungen und unbenannte Zuwendungen. Ein Lottogewinn ist dagegen *kein* unentgeltlicher Erwerb, denn er beruht auf einem aleatorischen und damit gegenseitigen Vertrag (BGH NJW 2013, 3645).

Jeder Ehegatte kann vom anderen **Auskunft** über das Anfangsvermögen verlan- **141**
gen, sobald die Scheidung oder der vorzeitige Zugewinnausgleich anhängig oder der Güterstand auf andere Weise beendet ist (§ 1379 Abs. 1 Satz 1 Nr. 2 BGB).

> Bei langer Ehe wird das aber oft ins Leere gehen. An seinen exakten Vermögensstand von vor 30 Jahren muss sich niemand erinnern und es ist auch niemand verpflichtet, für eine so lange Zeit Belege aufzubewahren. Ehegatten können daher – und sollten – ihr Anfangsvermögen schon bei der Eheschließung **verzeichnen** (§ 1377 Abs. 1 BGB). Ebenso kann man seinen Wert durch Ehevertrag verbindlich festlegen.

Lässt sich gar nichts feststellen, wird nach § 1377 Abs. 3 BGB das vollkommene **142**
Fehlen von Anfangsvermögen (und zwar von Aktiva wie von Passiva) gesetzlich **vermutet**.

143 **b) Endvermögen.** Die nächste Rechengröße ist das Vermögen der Ehegatten am **Ende der Zugewinngemeinschaft**. Auch hier ist das Gesamtvermögen maßgebend und sind Passiva ggf. über die Aktiva hinaus abzuziehen (§ 1375 Abs. 1 BGB).

144 Der Tag, an dem der Güterstand tatsächlich beendet wurde, lässt sich als Stichtag nur verwenden, wenn der Antrag auf Zugewinnausgleich erst gestellt wird, nachdem der Güterstand bereits beendet ist. Wird er dagegen – wie das die Regel ist – im Scheidungsverfahren oder gar nach § 1385 BGB vorzeitig gestellt, endet der Güterstand ja erst mit der Rechtskraft der Entscheidung, so dass das Endvermögen dann noch gar nicht berechenbar wäre. Darum verlegt § 1384 BGB den Stichtag in diesen Fällen auf den Tag der **Zustellung des Antrags** vor.

145 Dem Endvermögen werden nach § 1375 Abs. 2 S. 1 BGB bestimmte **illoyale Vermögensminderungen** hinzugerechnet, soweit sie zur Zeit des Stichtags nicht schon mehr als zehn Jahre zurückliegen oder der andere Ehegatte zu irgendeiner Zeit sein Einverständnis mit ihnen positiv bekundet hat (§ 1375 Abs. 3 BGB). Konkludente Zustimmung genügt, schlichte unwidersprochene Hinnahme aber nicht.

146 Nach § 1375 Abs. 2 S. 2 BGB wird bei jeder Vermögensverminderung **zwischen Trennungstag und Stichtag** vermutet, dass sie auf illoyalen Vermögensverschiebungen beruht. Ein Ehegatte, dessen Vermögen sich in dieser Zeit vermindert hat, muss darlegen und ggf. beweisen, dass das *nicht* auf einer der in § 1375 Abs. 2 S. 1 BGB genannten Handlungen beruht. Ist der Trennungstag streitig, kann vorab seine Feststellung durch das Familiengericht beantragt werden.

147 Auch wegen ihres Endvermögens können die Ehegatten wechselseitig **Auskunft** verlangen (§ 1379 Abs. 1 S. 1 Nr. 1 BGB).
Um die gesetzliche Vermutung des § 1375 Abs. 2 S. 2 BGB abzusichern, gibt § 1379 Abs. 1 S. 1 Nr. 2 BGB ihnen außerdem einen Anspruch auf Auskunft über das **am Trennungstag** vorhandene Vermögen. Diesen Anspruch können sie sogar schon geltend machen, sobald sie sich getrennt haben (§ 1379 Abs. 2 BGB).

☞ § 1379 BGB ist geeignet, das Verfahren über den Zugewinnausgleich zu einem komplizierten Monstrum zu machen. Er kann dazu führen, dass zunächst über den Tag der Trennung und **sechs Auskunftspflichten** gerichtlich entschieden und diese vollstreckt werden müssen, bevor endlich einer der Ehegatten einen bezifferten Antrag stellen kann. Halbwegs sinnvolle **Vergleichsvorschläge** sollten daher stets erwogen werden.

→ Entscheidung Nr. 14

c) Zugewinn. Der Zugewinn eines jeden Ehegatten ist nach der Definition des § 1373 BGB der Betrag, um den sein Endvermögen sein Anfangsvermögen **übersteigt**. Übersteigt das Endvermögen das Anfangsvermögen nicht, so hat er *keinen* Zugewinn, nicht etwa einen negativen. Da das Anfangsvermögen negativ sein kann, kann der Gewinn auch in einem **Abbau von Verbindlichkeiten** bestehen. Ausgeglichen werden soll nur der **reale Zugewinn**, nicht der durch die Geldentwertung herbeigeführte scheinbare Gewinn. Deshalb wird der Wert des Anfangsvermögens, bei längerer Trennungszeit auch des Trennungsvermögens, anhand des allgemeinen Lebenshaltungskostenindex auf seine Kaufkraft am Stichtag für das Endvermögen hochgerechnet („indexiert", vgl. Staudinger/*Thiele* § 1373 BGB Rn. 15 für ein Rechenbeispiel). **148**

d) Ausgleichsforderung. Zugewinnausgleich steht demjenigen Ehegatten zu, der nach der zuvor beschriebenen Rechnung den **geringeren Zugewinn** erzielt hat. Er besteht nach § 1378 Abs. 1 BGB in der **Hälfte der Differenz**. Es handelt sich dabei um eine reine **Geldforderung**. Nur ausnahmsweise kann das Gericht auch die Übertragung bestimmter Vermögensgegenstände anordnen, falls das zur Vermeidung einer unbilligen Härte erforderlich ist (§ 1383 BGB). **149**

§ 1378 Abs. 2 BGB **begrenzt** die Ausgleichsforderung auf den Wert des Endvermögens des Schuldners. Soweit es um diese Kappungsgrenze geht, werden illoyale Vermögensminderungen dem Endvermögen aber *nur* zugerechnet, wenn sie *nach* der Trennung erfolgt sind. **150**
Von der Forderung können außerdem **unentgeltliche Zuwendungen** abzuziehen sein, die der Schuldner dem Gläubiger bereits während der Ehe gemacht hat (vgl. § 1380 BGB).

Der Schuldner kann die Erfüllung der Ausgleichsforderung verweigern, soweit in ihrer Erfüllung eine **unbillige Härte** für ihn liegen würde (§ 1381 Abs. 1 BGB). Hierfür wird vor allem im wirtschaftlichen Bereich liegendes Fehlverhalten berücksichtigt, für das § 1381 Abs. 2 BGB ein Beispiel enthält. Ein weiteres Beispiel bildet die sog. **Scheidungsspekulation**, das ist das bewusste Vorspiegeln von Scheidungs- oder Versöhnungswillen, um die Ausgleichsforderung zu einem möglichst günstigen Zeitpunkt zu erwerben. Es genügt jedoch auch ein besonders schweres persönliches Fehlverhalten, das sich auf die gesamte Lebensgestaltung negativ ausgewirkt hat. **151**

→ Entscheidung Nr. 15

§ 1382 BGB schließlich gibt dem Schuldner, für den die sofortige Erfüllung der Forderung eine Härte bilden würde, ein Recht, ihre **Stundung** zu beantragen. **152**

Das setzt allerdings voraus, dass sie unstreitig ist. Stundung kann also nicht hilfsweise beantragt werden, sondern nur von dem Antragsgegner, der den geltend gemachten Anspruch im Übrigen anerkennt.

153 **Rechenbeispiel zum Zugewinnausgleich:**
M besaß bei der Eheschließung lediglich ein Auto im Wert von € 4.000, von denen er noch € 2.500 abzuzahlen hatte. Außerdem hatte er noch € 5.000 weitere Schulden. F besaß Schmuck im Wert von € 500.
Während der Ehe erhielt F von ihren Eltern eine Eigentumswohnung im Wert von € 60.000 geschenkt.
Am Tag der Zustellung des Scheidungsantrags hatte M Sachwerte im Wert von € 70.000, F immer noch ihre Eigentumswohnung, die jetzt € 75.000 wert war, und Schmuck im Gesamtwert von € 1.000. Beide hatten für einen Umbau der Eigentumswohnung erhebliche Schulden aufgenommen, für die sie anteilig hafteten, so daß jeder von ihnen Schulden von € 20.000 hatte.
Anzunehmen ist, dass diese Zahlen bereits inflationsbereinigt sind. Dann ist die Rechnung nun folgende:

	M	F
Anfangsvermögen § 1374 BGB	Auto € 4.000 Schulden – € 7.500 ======= gesamt: – € 3.500	Schmuck € 500 Wohnung[1] € 60.000 ======= gesamt: € 60.500
Endvermögen § 1375 BGB	Sachen € 75.000 Schulden – € 20.000 ======= gesamt: € 55.000	Schmuck € 1.000 Wohnung € 75.000 Schulden: – € 20.000 ======= gesamt: € 56.000
Zugewinn § 1373 BGB	€ 58.500	€ 0[2]

1 Die Wohnung ist nach § 1374 Abs. 2 BGB dem Anfangsvermögen hinzuzurechnen.
2 Nur der Zu„gewinn“ wird ausgeglichen, ein Verlust nicht.

Der Zugewinn von M übersteigt den von F um € 58.500. F kann von M nach § 1378 Abs. 1 BGB Zugewinnausgleich in Höhe von € 29.250 verlangen.

154 **e) Ausgleichsforderung gegen Dritte.** Unter bestimmten, sehr engen Voraussetzungen kann sich der Anspruch auf Zugewinnausgleich auch gegen einen Dritten richten, der durch eine illoyale Vermögensverminderung i. S. v. § 1375 Abs. 2 S. 1 Nr. 3 BGB begünstigt worden ist (vgl. § 1390 BGB).

Beispiel: 155
Im Fall von oben hat M am Tag vor der Trennung seinem Freund P seinen Porsche (Zeitwert: € 40.000) geschenkt, um ihn vor seiner Frau „in Sicherheit" zu bringen.
Wegen § 1375 Abs. 2 S. 1 Nr. 1 BGB verringert das weder sein Endvermögen, noch seinen Zugewinn. Aber der Ausgleichsanspruch von F ist deshalb nach § 1378 Abs. 2 S. 1 BGB auf € 15.000 – das tatsächliche Endvermögen – begrenzt. Wegen der € 14.250, die dies unter dem vollen Anspruch nach § 1378 Abs. 1 BGB liegt, hat sie einen Ausgleichsanspruch gegen P aus § 1390 Abs. 1 BGB.

III. Gütertrennung

Aus §§ 1388, 1414 BGB ergibt sich, wann zwischen den Ehegatten Gütertren- 156
nung gilt, nämlich, wenn sie den gesetzlichen Güterstand oder den Zugewinnausgleich durch Ehevertrag wirksam ausgeschlossen haben ohne zugleich einen anderen Güterstand zu bestimmen, außerdem nach jeder vorzeitigen Beendigung des gesetzlichen Güterstandes. Gütertrennung kann daher als der **subsidiäre gesetzliche Güterstand** begriffen werden.
Außerdem ist es möglich, durch Ehevertrag Gütertrennung positiv zu wählen.

Gütertrennung bedeutet: Die **vermögensrechtlichen Ehewirkungen** bleiben auf 157
die aus §§ 1353 bis 1362 BGB folgenden allgemeinen Regeln beschränkt.
Das **allgemeine Scheidungsfolgenrecht** (§§ 1568a bis 1587 BGB) bleibt anwendbar, soweit es nicht seinerseits durch den Ehevertrag ausgeschlossen werden kann und ausgeschlossen worden ist. Das ist für den Unterhalt (s. § 1585c BGB) und den Versorgungsausgleich (s. § 6 Abs. 1 S. 2 Nr. 2 VAG) möglich, nur die §§ 1568a, 1568b BGB enthalten zwingendes Recht.
Im Übrigen kommen bei Beendigung der Ehe **schuldrechtliche Ansprüche** in Frage, wie sie auch bei der Aufhebung einer eheähnlichen Lebensgemeinschaft entstehen können (s. dazu Rn. 5 und die Übersicht 1). Ggf. kann auch zwischen Ehegatten ein stillschweigend geschlossener Gesellschaftsvertrag (**Ehegatten-Innengesellschaft**) angenommen werden.

IV. Gütergemeinschaft

158 Gütergemeinschaft wird nur noch äußerst selten vereinbart. Die praktische Bedeutung der in §§ 1415 bis 1518 BGB enthaltenen Regelungen ist daher denkbar gering. Schlagwortartig zusammengefasst bedeutet Gütergemeinschaft:

- Grundsätzlich ist alles Vermögen der Ehegatten, gleichgültig ob vor oder während der Ehe erworben, gemeinschaftliches Vermögen in gesamthänderischer Bindung. Dieses Vermögen wird als **Gesamtgut** bezeichnet (§ 1416 BGB). Rechtsfähig ist das Gesamtgut nicht.
- Durch Ehevertrag – im Falle unentgeltlicher Zuwendungen eines Dritten auch durch Vereinbarung mit diesem oder durch Testament – kann Vermögen jedoch als **Vorbehaltsgut** hiervon ausgenommen sein (§ 1418 BGB). Nicht übertragbare Rechte verbleiben als **Sondergut** (§ 1417 BGB) ebenfalls dem Ehegatten, dem sie zustehen. Sein Vorbehaltsgut verwaltet jeder für eigene Rechnung selbst, sein Sondergut für Rechnung des Gesamtgutes.
- Die **Verwaltung** des Gesamtgutes kann entweder einem der Ehegatten vorbehalten werden (Alleinverwaltung, §§ 1422 bis 1449 BGB) oder sie steht den Ehegatten gemeinschaftlich zu (§§ 1450 bis 1470 BGB).
- Das Gesamtgut wird grundsätzlich bei **Beendigung der Ehe** nach den in §§ 1471 bis 1482 BGB bestimmten Regeln auseinandergesetzt. Unter bestimmten Voraussetzungen kann ein Ehegatte aber auch die **vorzeitige Beendigung** der Gütergemeinschaft verlangen (§§ 1447, 1448, 1469 BGB).
- Für den Fall des Todes eines der Ehegatten kann zudem die Auseinandersetzung des Gesamtgutes, soweit die gemeinsamen Kinder daran beteiligt sind, bis zum Tod oder der Wiederverheiratung auch des überlebenden Ehegatten aufgeschoben werden, sog. **fortgesetzte Gütergemeinschaft** (§§ 1483 bis 1518 BGB).

V. Güterrechtsregister

159 Die Regelungen über das **Güterrechtsregister** (§§ 1558 bis 1563 BGB) spielen fast ausschließlich bei Vereinbarung von Gütergemeinschaft eine Rolle, denn der gesetzliche Güterstand kann nicht eingetragen werden (auch die Wahl-Zugewinngemeinschaft nicht, vgl. § 1519 S. 3 BGB) und bei Gütertrennung besteht dazu – mangels irgendwelcher daraus folgender dinglicher Wirkungen – kein Anlass. Einen solchen Anlass ergibt nämlich allenfalls § 1412 BGB: Mangels Eintragung in dieses Register kann eine sich aus dem *gewählten* Güterstand ergebende Rechtsfolge einem gutgläubigen Dritten nur entgegengehalten werden, wenn er den Güterstand der Eheleute kannte.

Der **Rechtsverkehr** muss mit den Verfügungsbeschränkungen der §§ 1365, **160**
1369 BGB immer rechnen, weil sie sich aus dem *gesetzlichen* Güterstand ergeben, aber z. B. nicht damit, dass für ein von dem Ehemann allein aufgenommenes Darlehen wegen § 1460 Abs. 1 BGB nur dessen Vorbehaltsgut haftet, falls die Gütergemeinschaft nicht ins Güterrechtsregister eingetragen wurde.

Praktisch noch die größte Bedeutung hat die sich aus §§ 1357 Abs. 2 S. 2, 1412 **161**
BGB ergebende Möglichkeit, einen **Entzug der Schlüsselgewalt** Dritten entgegenzuhalten, wenn er im Güterrechtsregister eingetragen worden ist.

Der öffentliche Glaube des **Grundbuchs** kann nicht durch Eintragung ins Güterrechtsregister zerstört werden. Ist ein Ehegatte als Alleineigentümer ins Grundbuch eingetragen (obwohl das Grundstück zum Gesamtgut gehört), kann ein Dritter von ihm Eigentum auch gutgläubig erwerben, wenn die Ehegatten in Gütergemeinschaft leben und diese in das Güterrechtsregister eingetragen wurde. Dagegen ist er gegen die Verfügungsbeschränkung des § 1365 BGB nicht geschützt, weil sie – im Unterschied zum gemeinschaftlichen Eigentum – nicht ins Grundbuch eingetragen werden kann, aus dem Schweigen des Grundbuchs *insofern* also nichts folgt.

5. Kapitel **Scheidung und Scheidungsfolgen**

162 Die Ehescheidung geschieht durch **rechtsgestaltende Endentscheidung** des Familiengerichts (§ 1564 S. 2 BGB). Sie kann auf Antrag eines oder auf gemeinsamen Antrag beider Ehegatten ausgesprochen werden (§ 1564 S. 1 BGB).

Das Recht auf Scheidung der Ehe ist **materiell-rechtliches Gestaltungsrecht**, das durch Verfahrenshandlung ausgeübt wird. Es entsteht für einen Ehegatten, sobald in seiner Person die Scheidungsvoraussetzungen der §§ 1565 bis 1568 BGB vorliegen. Die Figur des durch Verfahrenshandlung auszuübenden materiell-rechtlichen Gestaltungsrechtes ist im Familienrecht häufig. Auch die Aufhebung der Ehe (Rn. 38 ff.) und die Anfechtung der Vaterschaft (Rn. 223 ff.) gehören in diese Kategorie.
Die **Prüfung** eines solchen Rechtes erfolgt in einem Gutachten wie bei jedem Gestaltungsrecht: Zuerst wird festgestellt, ob das Recht entstanden ist, sodann, in welcher Form und ggf. Frist es ausgeübt werden kann, schließlich, ob seiner Verwirklichung Einreden oder Einwendungen entgegenstehen. Ist nach dem Erfolg eines schon gestellten Scheidungsantrags gefragt, ist freilich dessen Zulässigkeit zuerst zu prüfen, zu der die Frage gehört, ob der Antragsteller zum Kreis derjenigen gehört, die den Antrag zu stellen befugt sind.

163 Mit der Entscheidung über den Scheidungsantrag soll das Familiengericht nach § 137 FamFG zugleich über die zwischen den Beteiligten streitigen Folgen ihrer Scheidung entscheiden (sog. Scheidungsverbund). Das betrifft zunächst die Scheidungsfolgen im engeren Sinne: Verteilung von **Ehewohnung und Hausrat** (§§ 1568a, 1568b BGB), **nachehelicher Unterhalt** (§§ 1569 bis 1586b BGB) und **Versorgungsausgleich** (§ 1587 BGB), außerdem auch die aus der Beendigung des Güterstandes folgenden Ansprüche, insbesondere auf **Zugewinnausgleich** (oben Rn. 135 ff.). **Kindesunterhalt** gehört zum Verbund, wenn ein Ehegatte ihn gemäß § 1629 Abs. 3 BGB im eigenen Namen geltend macht (s. dazu Rn. 432).
Verfahren über die Übertragung der **elterlichen Sorge** bei Getrenntleben (§ 1671 BGB) und die Regelung des **Umgangs** (§ 1684 BGB) sind auf Antrag in den Scheidungsverbund einzubeziehen, obwohl sie mit der Scheidung gar nicht in einem direkten Zusammenhang stehen.

I. Scheidung

Die **beiden Voraussetzungen** einer Scheidung nennt § 1565 BGB: Das Scheitern der Ehe und die Einhaltung des Trennungsjahres. Ausnahmsweise kann der Scheidung dann noch § 1568 BGB entgegenstehen. **164**

1. Scheitern der Ehe. Das Scheitern der Ehe wird nach § 1566 BGB **unwiderlegbar vermutet**, wenn **165**
- die Eheleute seit drei Jahren getrennt leben oder
- seit einem Jahr getrennt leben und beide die Scheidung beantragen oder der Antragsgegner dem Scheidungsantrag zustimmt.

Dazu, was Getrenntleben bedeutet, kann auf das in Rn. 92 ff. schon Ausgeführte verwiesen werden. Nach § 1567 Abs. 2 BGB werden die in § 1566 BGB genannten Fristen durch einen **kurzfristigen Versöhnungsversuch** weder unterbrochen noch gehemmt. Wo die genaue Obergrenze hierfür liegt, wird aus der Rechtsprechung nicht völlig klar, die h.M. in der Literatur will sie bei **drei Monaten** ziehen (s. MüKo.BGB/*Weber* § 1567 Rz. 59 mwN). Soweit es um die dreijährige Frist des § 1566 Abs. 1 BGB geht, können Versöhnungsversuche, die in den ersten beiden Jahren liegen, auch länger sein. **166**

→ Entscheidung Nr. 16

> Die Ehegatten können zur **Einkommensteuer** für das ganze Jahr gemeinsam veranlagt werden, auch wenn sie nur während eines Versöhnungsversuches zusammengelebt haben, der die Trennungsfristen nicht unterbricht. Das kann ein finanzieller Anreiz dafür sein, einen solchen Versuch zu unternehmen.

Greift keine der beiden Vermutungen, kann die Ehe dennoch gescheitert sein. Das ist sie, wenn es **unwahrscheinlich** ist, dass die Ehegatten die eheliche Lebensgemeinschaft wieder herstellen. Was diese Prognose angeht, verfährt die Praxis recht großzügig. Sie sieht einen ernsthaften Scheidungswillen bereits als starkes Indiz für das Scheitern der Ehe an. Im Übrigen kommen als weitere Indizien alle Umstände in Frage, die die Fortsetzung der Ehe unwahrscheinlich machen. Der Antragsteller kann sich hier durchaus auch auf sein eigenes ehewidriges Verhalten berufen, z. B. darauf, dass er sich bereits fest einem neuen Partner zugewendet hat. **167**

Unwiderlegbare Vermutungen – eine Spezialität des Familienrechts – sind anders zu behandeln als gewöhnliche Vermutungen, da sie nicht die Beweislast betreffen, sondern die Prüfung des vermuteten Umstandes ganz ausschließen. Man prüft sie daher zuerst und nur wenn sie nicht eingreifen, geht man überhaupt noch auf den eigentlich zu prüfenden Umstand näher ein.

168 **2. Trennungsjahr.** Seit der Trennung muss bis zur Scheidung grundsätzlich ein Jahr vergangen sein. Obwohl dort nicht erwähnt, findet § 1567 Abs. 2 BGB auch auf diese Frist Anwendung.

169 Vom Erfordernis des Trennungsjahres macht § 1565 Abs. 2 BGB eine **Ausnahme**: Scheidung kann von einem Ehegatten schon vorher verlangt werden, wenn das Abwarten des Trennungsjahres für ihn aus Gründen, die in der Person des anderen Ehegatten liegen, eine **unzumutbare Härte** darstellt. Auch noch so gute objektive oder in der eigenen Person liegende Gründe genügen nicht. Es reicht auch nicht aus, dass dem Antragsteller das Zusammenleben nicht mehr zugemutet werden kann. Schon die, nur dem Bunde nach noch bestehende Ehe, darf ihm nicht mehr für ein Jahr zugemutet werden können. Das sind enge Voraussetzungen. **Härtefallscheidungen** sind dementsprechend selten. Vor allem kommen schwere Verfehlungen in Betracht, die ein Ehegatte sich zum Nachteil des anderen oder der gemeinsamen Kinder hat zuschulden kommen lassen, wie z. B. schwere Misshandlungen. Auch schwere Verbrechen gegen Dritte können genügen. Ein Verschulden ist jedoch keine zwingende Voraussetzung. Ob bei Straftaten eine rechtskräftige Verurteilung zu fordern ist oder auch schon der Verdacht ausreicht, hängt von den Umständen ab.
Die **Schwangerschaft** der Ehefrau von einem anderen Mann macht das Abwarten des Trennungsjahres für den Ehemann wegen der sich aus § 1592 Nr. 1 BGB ergebenden Konsequenz unzumutbar.

→ Entscheidungen Nr. 17 und 18

170 **3. Schutzklauseln.** Die Scheidung darf nach § 1568 Abs. 1 BGB trotz Vorliegens ihrer Voraussetzungen nicht ausgesprochen werden, wenn und so lange

- die Aufrechterhaltung der Ehe aus besonderen Gründen zum Schutz gemeinsamer minderjähriger Kinder ausnahmsweise erforderlich ist (Kinderschutzklausel), oder
- sie für den der Scheidung widersprechenden Antragsgegner aufgrund außergewöhnlicher Umstände eine schwere Härte bilden würde, die auch unter Berücksichtigung der Belange des Antragstellers die Aufrechterhaltung der Ehe gebietet (Ehegattenschutzklausel).

Beide Varianten erfordern einen echten Ausnahmefall. Nachteile und Härten, 171
die bei einer Scheidung üblicherweise entstehen, sind hinzunehmen.
Die **Kinderschutzklausel** ist nur anwendbar, wenn die Kinder im Einzelfall *gerade* unter dem Ausspruch der *Scheidung* besonders leiden würden, denn die Trennung der Eltern lässt sich über § 1568 Abs. 1 BGB nicht rückgängig machen. Das dürfte selten sein, kann aber vorkommen, wenn es für sie eine besondere psychische Belastung ist, dass ihnen gerade hierdurch der endgültige Charakter der Trennung ihrer Eltern bewusst wird.
Die **Ehegattenschutzklausel** kommt vor allem zugunsten eines Ehegatten zur Anwendung, der aufgrund besonderer psychischer Disposition außergewöhnlich unter der Scheidung leiden würde. Die Umstände der Trennung und auch die Gründe für sie können dabei eine Rolle spielen, doch ist die Anwendung von § 1568 Abs. 1 BGB keine Schuldfrage.

→ Entscheidung Nr. 19

§ 1568 BGB stellt eine **abschließende Regelung** dar. Der Rückgriff auf allge- 172
meine Rechtsgedanken (Rechtsmissbrauch § 242 BGB, Abwehr sittenwidriger Schädigung § 826 BGB) ist nicht zulässig.

→ Übersicht Nr. 4 zu den Scheidungsvoraussetzungen

Bei der Prüfung der Scheidungsvoraussetzungen beginnt man in einer **Klausur** am besten mit der Prüfung der unwiderlegbaren Vermutungen des § 1566 BGB, da, wenn sie greifen, alle Scheidungsvoraussetzungen damit zugleich bejaht werden können. Andernfalls ist das Scheitern der Ehe und das Trennungsjahr oder Vorliegen eines Härtefalles getrennt zu prüfen.
Auch der **Praktiker** sollte zuerst aufklären, seit wann die Ehegatten getrennt leben, da sich danach entscheidet, ob und ggf. wie viel man für einen erfolgreichen Scheidungsantrag über das Eheleben vortragen muss.

II. Ehewohnung und Hausrat

§§ 1568a, 1568b BGB bilden das Gegenstück zu §§ 1361a, 1361b BGB. Es beste- 173
hen zwei wichtige Unterschiede:

- §§ 1361a, 1361b BGB begründen nur Ansprüche auf zeitweise Überlassung von Gegenständen, die mit dem Ende der Trennung – sei es durch Wiederaufnahme der Lebensgemeinschaft, sei es durch Scheidung – erlöschen. §§ 1568a, 1568b BGB dagegen nehmen eine **endgültige Zuteilung** vor.

- Aus §§ 1361a, 1361b BGB folgen nur wechselseitige Ansprüche der Ehegatten gegeneinander. Dagegen kann § 1568a BGB die Umgestaltung bestehender oder Begründung neuer schuldrechtlicher Beziehungen zu Dritten bewirken und § 1568b BGB die Änderung der Eigentumsverhältnisse. Sie betreffen daher u. U. auch das **Außenverhältnis**.

174 **1. Ehewohnung.** § 1568a Abs. 1 und 2 BGB regeln das **Innenverhältnis** der Ehegatten zueinander. Sie unterscheiden nach der Art der bestehenden Nutzungsrechte an der Wohnung:

- Haben beide Ehegatten oder hat keiner von ihnen ein dingliches Nutzungsrecht an der Wohnung, kommt es allein darauf an, welcher von ihnen auf die Wohnung **stärker angewiesen** ist als der andere. Hierbei ist außer den Lebensverhältnissen der Ehegatten auch das Wohl der im ehelichen Haushalt lebenden (nicht notwendig: gemeinsamen) Kinder zu berücksichtigen (Abs. 1).
- Steht dagegen einem von ihnen ein dingliches Nutzungsrecht zu, kann er den hierauf gestützten Herausgabeanspruch (§ 985 BGB) gegen den anderen Ehegatten grundsätzlich geltend machen. Der andere hat Anspruch auf Überlassung der Wohnung nur, wenn dies erforderlich ist, um eine **unbillige Härte** zu vermeiden (Abs. 2).

175 Welche Auswirkungen ein solcher Anspruch auf das **Außenverhältnis** haben kann, hängt wiederum von der Art des Besitzrechtes ab, das den Eheleuten an der Ehewohnung zusteht:

- Hat es sich um eine Mietwohnung gehandelt, sieht § 1568a Abs. 3 BGB einen **gesetzlichen Mieterwechsel** vor, der
  - mit der Mitteilung der Ehegatten, dass sie sich über die Überlassung der Wohnung an einen von ihnen geeinigt haben oder
  - mit Rechtskraft der Entscheidung des Familiengerichts über den Anspruch aus Abs. 1 eintritt.
- War die Wohnung Dienst- oder Werkswohnung, also im Rahmen eines gemischten Vertrages einem der Ehegatten überlassen, kann derjenige, dem sie nach Abs. 1 überlassen wird, die **Begründung eines separaten Mietverhältnisses** verlangen, wenn das nötig ist, um eine schwere Härte zu vermeiden (§ 1568a Abs. 4 BGB). Andernfalls bleibt es dabei, dass die Regelung aus § 1568a Abs. 1 BGB nur das Innenverhältnis betrifft.
- Falls kein Mietverhältnis bestanden hat, begründet § 1568a Abs. 5 BGB ansonsten einen Anspruch des nach Abs. 1 oder Abs. 2 in der Wohnung bleibenden Ehegatten auf **Abschluss eines Mietvertrages** zu ortsüblichen Bedingungen.

Beispiel: 176
M und F bewohnen mit ihren vier Kindern ein Haus am Stadtrand von München, das M gemeinsam mit seiner Mutter G vom Vater geerbt hat. Anlässlich der Trennung ist M ausgezogen. Nun beantragt F im Scheidungsverfahren Zuweisung des Hauses. Was soll sie noch beantragen?
Da M zusammen mit G ein dingliches Nutzungsrecht an dem Haus zusteht, F dagegen keines, ist § 1568a Abs. 2 BGB einschlägig: F hat nur dann Anspruch auf Überlassung des Hauses, wenn das erforderlich ist, um eine unbillige Härte zu vermeiden. Die kann hier z.B. darin bestehen, dass es ihr trotz entsprechender Bemühungen nicht gelungen ist, für sich und die vier Kinder adäquaten Wohnraum zu finden.
§ 1568a Abs. 2 BGB gibt F nur ein Nutzungsrecht M gegenüber. Da das Haus aber nicht M, sondern der Erbengemeinschaft G+M gehört, benötigt F, will sie die Wohnung dauerhaft behalten, auch dieser gegenüber ein Nutzungsrecht. Sie sollte daher außerdem nach § 1568a Abs. 5 BGB beantragen, dass die Erbengemeinschaft G+M verpflichtet wird, mit ihr einen Mietvertrag zu ortsüblichen Bedingungen abzuschließen. Das hätte den weiteren Vorteil, dass sie wegen § 566 Abs. 1 BGB auch im Falle einer Veräußerung des Hauses durch die Erbengemeinschaft in der Wohnung bleiben könnte, während sie den Anspruch aus § 1568a Abs. 1 BGB einem Erwerber der Wohnung nicht entgegenhalten kann.

2. Hausrat. Wegen der Haushaltsgegenstände (zum Begriff s. Rn. 133 f.), über deren Verbleib die Ehegatten sich bis zur Scheidung noch nicht endgültig geeinigt haben, enden mit der Scheidung die sich aus § 1361a Abs. 1 S. 2 BGB eventuell ergebenden Überlassungsansprüche (s. Rn. 106 ff.). Stattdessen setzt sich nun das **Alleineigentum** eines Ehegatten uneingeschränkt durch. Er kann nach allgemeinem Recht (§ 985 BGB) Herausgabe verlangen. 177
Für die bis dahin noch im **Miteigentum** beider Ehegatten verbliebenen Haushaltsgegenstände folgt nun dagegen aus § 1568b Abs. 1 BGB ein Anspruch desjenigen auf Übertragung von Alleineigentum, der auf ihre Weiterbenutzung **stärker angewiesen** ist. Der andere hat Anspruch auf eine angemessene Ausgleichszahlung (§ 1568b Abs. 3 BGB).
Ist ein Haushaltsgegenstand während der Ehe angeschafft worden, so wird nach § 1568b Abs. 2 BGB gemeinsames Eigentum der Ehegatten gesetzlich vermutet.

III. Nachehelicher Unterhalt

178 Mit der Rechtskraft der Scheidung endet das Getrenntleben und damit auch der uneingeschränkte Anspruch auf Unterhalt bei Bedürftigkeit aus § 1361 Abs. 1 BGB.
Stattdessen gilt nunmehr § 1569 BGB: Unterhalt wird nur geschuldet, soweit ein Ehegatte aus **bestimmten Gründen bedürftig** ist. Die nacheheliche Solidarität ist begrenzt. Sie greift nur in Fällen, in denen die Bedürftigkeit mit der Ehe noch in einem Zusammenhang steht.
Außerdem stellt die gesetzliche Regelung zum nachehelichen Unterhalt **nachgiebiges Recht** dar: Die Eheleute können abweichende Vereinbarungen treffen (§ 1585c BGB). Sie können die nacheheliche Solidarität verstärken, indem sie zusätzliche Unterhaltstatbestände schaffen, oder auch dahin, dass der Unterhalt bei Bedürftigkeit aus jedwedem Grund eintreten soll. Sie können die Zahl der Unterhaltstatbestände beschränken. Sie können die Berechnung des Unterhalts abweichend regeln.

179 Im Prinzip lässt es § 1585c BGB auch zu, den Anspruch auf nachehelichen Unterhalt schon im Voraus **vollkommen auszuschließen**, doch wird ein solcher Unterhaltsverzicht häufiger als bloße Modifikationen der Inhaltskontrolle durch das Familiengericht nicht standhalten (s. dazu Rn. 116 ff.). Vor allem der Ausschluss des Betreuungsunterhalts (§ 1570 BGB) hat in aller Regel keinen Bestand.
Ein Unterhaltsverzicht, der erst vereinbart wird, nachdem der Anspruch bereits besteht, kann zudem als **Vertrag zu Lasten Dritter** nach § 138 Abs. 1 BGB nichtig sein, wenn beiden Ehegatten bewusst ist, dass der Verzichtende dadurch von staatlichen Transferleistungen abhängig wird.

→ Entscheidung Nr. 20

180 1. **Unterhaltstatbestände.** Die §§ 1570 bis 1576 BGB beschreiben sieben verschiedene Gründe, aus denen nachehelicher Unterhalt in Frage kommt:

181 a) **Betreuungsunterhalt (§ 1570 BGB).** Diesen kann verlangen, wer bedürftig ist, weil ihm infolge der Pflege oder Erziehung eines gemeinsamen Kindes die Aufnahme einer Erwerbstätigkeit nicht zugemutet werden kann.
Das ist bis zum **dritten Geburtstag** des Kindes ohne weiteres anzunehmen (§ 1570 Abs. 1 S. 1 BGB). Über diesen Zeitpunkt hinaus kann ein Anspruch gegeben sein

- aus **kindbezogenen Gründen**, nämlich weil eine dem Kindeswohl entsprechende Betreuung andernfalls nicht gewährleistet ist oder

- aus **elternbezogenen Gründen**, nämlich weil der betreuende Elternteil im Vertrauen auf die Rollenverteilung in der Ehe sein eigenes Fortkommen zugunsten der Kinderbetreuung zurückgestellt hat und sich die finanziellen Folgen dieser Entscheidung nicht ohne weiteres wieder rückgängig machen lassen.

→ Entscheidung Nr. 21 zu weiteren Einzelheiten

b) Unterhalt wegen Alters. Diesen erhält, wem aufgrund seines Alters eine Er- **182**
werbstätigkeit nicht mehr zugemutet werden kann.
Das ist mit Erreichen der **allgemeinen Altersgrenze** der Fall, ausnahmsweise auch früher, wenn der Ehegatte ein Alter erreicht hat, in dem er seinen Beruf nicht mehr ausüben und ihm das Erlernen eines neuen Berufes nicht mehr zugemutet werden kann. Nicht unter § 1571 BGB, sondern unter § 1573 Abs. 1 BGB fällt es dagegen, wenn die Aufnahme der Erwerbstätigkeit zwar noch zumutbar wäre, der Unterhaltsgläubiger aber wegen seines Alters keine Arbeit mehr findet.

c) Unterhalt wegen Gebrechlichkeit (§ 1572 BGB). Diesen erhält, wer wegen **183**
einer Krankheit oder eines Gebrechens keiner Erwerbstätigkeit nachgehen kann.

d) Überbrückungsunterhalt (§ 1573 Abs. 1 BGB). Diesen kann ein Ehegatte ver- **184**
langen, solange es ihm nicht gelingt, eine angemessene Beschäftigung zu finden.
Erst wenn eine **nachhaltige Beschäftigung** gefunden ist, fällt dieser Anspruch endgültig weg. Sonst lebt er wieder auf, wenn der Berechtigte die Beschäftigung wieder verliert (§ 1573 Abs. 4 BGB).
Der Anspruch aus § 1573 Abs. 1 BGB setzt voraus, dass der Ehegatte sich bemüht, seiner Erwerbsobliegenheit nachzukommen. Wie weit diese Obliegenheit reicht, ist in § 1574 Abs. 2 BGB näher geregelt: Die Erwerbstätigkeit muss der Ausbildung, den Fähigkeiten, dem Lebensalter und dem Gesundheitszustand des Unterhaltsgläubigers entsprechen. Ist eine solche Erwerbstätigkeit nicht zu finden, muss der Unterhaltsgläubiger sich nach § 1574 Abs. 3 BGB ausbilden, fortbilden oder umschulen lassen. Bei § 1573 Abs. 1 BGB führen **Obliegenheitsverletzungen** zum Verlust des Anspruchs.

→ Entscheidung Nr. 22

e) Ausbildungsunterhalt (§ 1575 Abs. 1 BGB). Diesen kann verlangen, wer wäh- **185**
rend oder in Erwartung der Ehe eine Ausbildung unterbrochen, abgebrochen oder gar nicht erst begonnen hat. § 1575 BGB setzt nicht voraus, dass die Aus-

bildung notwendig ist, damit der Unterhaltsgläubiger eine angemessene Beschäftigung befindet. Er greift auch ein, wenn der Berechtigte dies ohne die zusätzliche Ausbildung könnte. § 1575 Abs. 3 BGB stellt klar, dass einem Ehegatten, der Ausbildungsunterhalt bezogen hat, trotzdem noch eine Beschäftigung zugemutet werden kann, die seinem früheren Ausbildungsstand entspricht.
Heute werden nur noch selten Ausbildungen mit Rücksicht auf die Ehe abgebrochen. Wenn dies mit Rücksicht auf ein gemeinsames Kind geschehen ist, genügt das, falls es während der Ehe geschehen ist. Ist das Kind aber geboren worden bevor seine Eltern die Absicht hatten zu heiraten, fehlt der innere Zusammenhang zur Ehe.

186 **f) Unterhalt unter Billigkeitsgesichtspunkten.** Nach § 1576 BGB kann Unterhalt **auch** erhalten, wer aus anderen als den in §§ 1570 bis 1575 BGB genannten Gründen nicht erwerbstätig sein kann. Die Gründe müssen schwerwiegend sein. Der Fall muss außerdem so liegen, dass die Versagung von Unterhalt mit Blick auf die Interessen des Unterhaltsschuldners grob unbillig wäre. Das ist nur der Fall, wenn sie in einem engen **inneren Zusammenhang zur Ehe** stehen. Die Anwendung von § 1576 BGB kann z. B. zugunsten eines Ehegatten in Frage kommen, der ein Kind des anderen nach der Ehe weiterbetreut oder dessen Eltern pflegt.

→ Entscheidung Nr. 23

187 **g) Aufstockungsunterhalt (§ 1573 Abs. 2 BGB).** Aufstockungsunterhalt schließlich kann verlangen, wer aus keinem der sonst in §§ 1570 bis 1576 BGB genannten Gründe Unterhalt verlangen kann, aber auch bei vollschichtiger Erwerbstätigkeit kein Einkommen erzielen kann, das es ihm erlaubt, sich den ehelichen Lebensstandard zu erhalten.
Das ist das Haupteinfallstor für langjährige Unterhaltsansprüche unter geschiedenen Ehegatten. Allerdings setzt der Anspruch aus § 1573 Abs. 2 BGB voraus, dass der Schuldner überhaupt noch Unterhalt nach den **ehelichen Lebensverhältnissen** schuldet. Ist der Anspruch hierauf erloschen, kann Aufstockungsunterhalt nicht mehr verlangt werden.
Der Anspruch aus § 1573 Abs. 2 BGB setzt nicht voraus, dass der Gläubiger ein Einkommen tatsächlich erzielt. Auch wenn er das nicht tut, bleibt ihm ein Anspruch auf Ausgleich der Differenz zwischen dem von ihm *erzielbaren* **fiktiven Einkommen** und dem Bedarf nach den ehelichen Lebensverhältnissen.

188 Nur die Ansprüche aus §§ 1570, 1576 BGB können jederzeit einsetzen. Alle anderen entstehen nur, wenn noch ein bestimmter zeitlicher Zusammenhang mit der Ehe (**Einsatzzeitpunkt**) besteht.

→ Übersicht Nr. 5 zu den Unterhaltstatbeständen und den jeweiligen Einsatzzeitpunkten.

2. Maß des Unterhalts. Die Höhe des Unterhalts richtet sich primär nach den 189
ehelichen Verhältnissen (§ 1578 Abs. 1 S. 1 BGB). Genau wie beim Trennungsunterhalt (s. Rn. 110) läuft das in der Regel auf die Halbteilung des gemeinsamen Einkommens (ggf. nach Vorwegabzug von 1/7 Erwerbstätigenbonus) hinaus.

Soweit das Fehlen einer **Erwerbsobliegenheit** nicht ohnehin schon zu den Anspruchsvoraussetzungen gehört, besteht diese jedenfalls nach § 1577 Abs. 2 BGB mit derselben Konsequenz, wie sie für den Getrenntlebensunterhalt (Rn. 112) beschrieben worden ist.

Nacheheliche Solidarität hat jedoch Grenzen. Die Ehe ist schließlich beendet. 190
Daher kann der nacheheliche Unterhalt auf den angemessenen Lebensbedarf des Berechtigten begrenzt werden (§ 1578b Abs. 1 BGB). Damit ist der Bedarf gemeint, der sich aus seiner **eigenen Lebensstellung** ergibt. Ob und inwieweit eine solche Begrenzung vorgenommen wird, ist eine Frage der Billigkeit im Einzelfall. Hauptgesichtspunkt ist die Inkaufnahme **ehebedingter Nachteile** in der Erwerbsbiographie. Solche Nachteile können auch noch auszugleichen sein, wenn der Anspruch im Übrigen zu begrenzen ist. Weiter spielen die Dauer der Ehe und des ehelichen Zusammenlebens, die Belange gemeinsamer Kinder und die Rollenverteilung während der Ehe eine Rolle.

Beispiel: 191

Ärztin A heiratet Pfleger K. Während der zehnjährigen Ehe war K nicht berufstätig und hat den Haushalt geführt. Nach der Scheidung ist er wieder vollschichtig in seinem Beruf tätig und verdient € 1.400. A verfügt über monatliche Einkünfte von € 5.600. Welche Unterhaltsansprüche hat K nach der Ehe?

Ihm steht Aufstockungsunterhalt nach § 1573 Abs. 2 BGB in Höhe von 3/7 der Einkommensdifferenz, also in Höhe von € 1.800 zu.

Einige Jahre später ist es ggf. nicht mehr angemessen, dass er noch immer die ehelichen Lebensverhältnisse aufrechterhält. Dann kann nach § 1578b Abs. 1 BGB der Aufstockungsunterhalt wegfallen. Ggf. bleibt ihm aber auch dann noch ein Anspruch in Höhe des Unterschiedsbetrages zu dem Einkommen, das er erzielen würde, wenn er auch in dieser Zeit gearbeitet und sich zum Stationsleiter oder OP-Pfleger weitergebildet hätte.

192 § 1578b Abs. 2 BGB erlaubt es zudem, den nachehelichen Unterhalt **auflösend zu befristen.** Dann ist vom Ablauf der Frist an gar keiner mehr zu zahlen. Auch das ist eine Frage der Billigkeit im Einzelfall, bei der die schon zu § 1578b Abs. 1 BGB genannten Faktoren eine Rolle spielen können.
§ 1587b Abs. 3 BGB stellt klar, dass sich die beiden Begrenzungsmöglichkeiten nicht ausschließen. Das Gericht kann also ggf. den Unterhalt für drei verschiedene Zeiträume zunächst nach den ehelichen Lebensverhältnissen gewähren, dann nur noch den angemessenen Unterhalt und zuletzt keinen mehr.

193 **3. Verwirkung.** Der Anspruch auf nachehelichen Unterhalt kann vom Gericht herabgesetzt oder ganz ausgeschlossen werden, wenn die Zahlung in voller Höhe für den Verpflichteten wegen einer besonderen Härte **grob unbillig** wäre (§ 1579 BGB). Das Gesetz zählt eine Reihe von Härtegründen einzeln auf (Nr. 1 bis 7), um dann eine Generalklausel anzuschließen (Nr. 8):

→ Übersicht Nr. 6 zu den einzelnen Verwirkungstatbeständen

194 Das Recht sich auf einen Verwirkungstatbestand zu berufen kann man seinerseits dadurch **verwirken**, dass man trotz Kenntnis der entsprechenden Tatsachen über einen längeren Zeitraum den ungekürzten Unterhalt leistet.

→ Entscheidungen Nr. 24 und Nr. 25

195 Liegt ein Fall des § 1579 BGB vor, legt das Gericht die Rechtsfolgen nach **pflichtgemäßem Ermessen** fest. Es hat dabei auch die Interessen gemeinsamer Kinder zu berücksichtigen.
Das Gericht kann:
- den Unterhalt gänzlich ausschließen,
- ihn prozentual herabsetzen (auf 75 %, 50 %, 25 %),
- darauf verzichten, ihn nach den ehelichen Lebensverhältnissen zu berechnen,
- ihn auf das Existenzminimum reduzieren, oder
- im Interesse der Kinder davon absehen, auch nur eine dieser Folgen anzuordnen.

196 Das **Interesse der Kinder** besteht in der Regel dahin, sicherzustellen, daß der betreuende Elternteil ein Auskommen hat und nicht auf den Kindesunterhalt zugreifen muß, um sich selbst mit dem Lebensnotwendigen zu versorgen. Daher wird, wenn kleinere Kinder zu betreuen sind, ein vollständiger Unterhaltsausschluss nur in Frage kommen, wenn der betreuende Elternteil sein Auskommen anderweitig sichern kann, z.B. durch die Inanspruchnahme seines eigenen Vermögens oder eines neuen Partners.

IV. Versorgungsausgleich

§ 1587 BGB enthält den **Grundsatz**, dass mit der Scheidung ein Ausgleich der 197
während der Ehe erworbenen Altersvorsorgeanwartschaften stattfindet. Idee des Versorgungsausgleichs ist der Gedanke, dass jeder Ehegatte am Erwerb solcher Anwartschaften während der Ehe den gleichen Anteil hat. Die Ehe ist auf Lebenszeit angelegt. Daher kann das Gesetz davon ausgehen, dass auch die während der Ehe betriebene Altersvorsorge gemeinsame Altersvorsorge ist und bei Auflösung der Ehe gleichmäßig geteilt werden muss (§ 1 Abs. 1 VersAusglG). Die Details regelt das BGB nicht. Hierzu verweist § 1587 BGB auf ein **besonderes Gesetz**, das Versorgungsausgleichsgesetz (VersAusglG).

§ 2 VersAusglG enthält eine Aufzählung der Anwartschaften oder sonstigen 198
Rechte, die unter den Versorgungsausgleich fallen. Wichtig ist der in § 2 Abs. 4 VersAusglG geregelte Grundsatz der **Exklusivität**: Der Wert, der in den Versorgungsausgleich fallenden Rechte, bleibt bei der Berechnung des Zugewinnausgleichs außer Betracht.

Der Versorgungsausgleich kann in vier verschiedenen Formen erfolgen: 199

- als **interne Teilung** (§§ 10 bis 13 VersAusglG) durch Übertragung von Anwartschaften von einem auf den anderen Ehegatten bei dem Versorgungsträger, bei dem sie bestehen,
- als **externe Teilung** (§§ 14 bis 17 VersAusglG) durch Neubegründung von Anwartschaften bei einem Versorgungsträger oder
- als **schuldrechtliche Ausgleichszahlung** die ihrerseits Rente (§§ 20 bis 22 VersAusglG), oder Kapitalabfindung (§§ 23, 24 VersAusglG) sein kann.

Externe oder interne Teilung werden, wo sie greifen, **bei der Scheidung** durch- 200
geführt. Nur wenn beides nicht möglich ist, entsteht ein Anspruch auf schuldrechtlichen Versorgungsausgleich

→ Übersicht Nr. 7 zu weiteren Einzelheiten zum Versorgungsausgleich

6. Kapitel **Verwandtschaft und Abstammung**

I. Verwandtschaft

201 § 1589 BGB bestimmt, dass Personen miteinander **verwandt** sind, deren eine von der anderen abstammt (gerade Linie) oder die beide von einer dritten Person abstammen (Seitenlinie). Der Grad der Verwandtschaft entspricht der Anzahl der Zweipersonenverhältnisse, die dazwischen liegen. Eltern und Kind sind daher im ersten Grad in gerader Linie verwandt, Geschwister im zweiten Grad in der Seitenlinie, usw.

Verschwägerung heißt das Verhältnis zu den Verwandten des Ehegatten und den Ehegatten der Verwandten (§ 1590 Abs. 1 Satz 1 BGB). Ihr Grad folgt dem der Verwandtschaft, die sie vermittelt (§ 1590 Abs. 1 Satz 2 BGB). Aus § 1590 Abs. 2 BGB folgt, dass die Auflösung der Ehe zwar die *bestehende* Verschwägerung nicht beendet, aber keine *neue* mehr vermitteln kann.

→ Übersicht Nr. 8 über Verwandtschaftsgrade

202 **Beispiel:**
Paul war mit Martha verheiratet. Diese hat einen Sohn Peter, der schon vor der Ehe mit Paul geboren ist und eine Tochter Margit, die erst nach der Scheidung geboren ist. Marthas Bruder Georg ist mit Sieglinde verheiratet.
Paul ist mit Peter noch immer verschwägert, da er es während der Ehe mit ihrer Mutter gewesen ist (§ 1590 Abs. 2 BGB). Mit Margit ist er dagegen nicht verschwägert, da er zu der Zeit, zu der sie geboren wurde schon nicht mehr mit ihrer Mutter verheiratet war.
Paul ist mit Georg verschwägert, denn der ist mit seiner (geschiedenen) Ehefrau verwandt. Mit Sieglinde verbindet ihn dagegen nichts, denn sie ist mit seiner Exfrau ihrerseits nur verschwägert und nicht verwandt.

203 **Ehegatten** sind (als solche) miteinander weder verwandt noch verschwägert. Die eheliche Bindung endet durch Auflösung der Ehe („Ehe vergeht – Verschwägerung besteht").

204 Damit bleibt der Begriff der **Abstammung** zu klären. Ein Kind entsteht bekanntlich dadurch, dass sich eine weibliche und eine männliche Keimzelle vereinigen. *Biologisch* stammt der Mensch von den Personen ab, von denen diese

Keimzellen stammen. Diese biologische Abstammung ist zwar die Basis der Rechtsvorschriften über die Abstammung, die sich aber aus Gründen der Rechtssicherheit dann doch teilweise von ihr lösen.

Eine praktische Schwierigkeit bestand lange Zeit allein darin, die Quelle der *männlichen* Keimzelle (also den Vater) beweiskräftig ausfindig zu machen, so dass man sich darauf beschränkte, ihn an die Ehe der Mutter anzuknüpfen. Wer die Mutter eines Kindes war, war durch den Geburtsvorgang dagegen offenkundig. Ein römisches Rechtssprichwort lautet daher auch: *Mater semper certa, pater quem nuptiae demonstrant.* In ihrem Kern beruhen unsere Rechtsvorschriften hierauf noch immer, weshalb sie auch überholt sind und der Gesetzgeber derzeit über eine Neuregelung nachdenkt. **205**

Wir unterscheiden daher zwischen mütterlicher und väterlicher Abstammung:

II. Mutterschaft

Inzwischen ist durch den medizinischen Fortschritt mit der Möglichkeit der Befruchtung außerhalb des Körpers (sog. IVF) die Notwendigkeit aufgetreten, auch die Mutterschaft gesetzlich zu regeln. Denn medizinisch ist die sog. **gespaltene Mutterschaft**, bei der eine andere Frau das Kind austrägt als diejenige, von der die Eizelle stammt, ohne weiteres möglich, mag sie in Deutschland auch verboten sein (siehe § 1 Embryonenschutzgesetz). Es gibt sie in zwei Formen: Von **Leihmutterschaft** spricht man, wenn die Beteiligten die Absicht haben, dass das Kind von der biologischen Mutter erzogen werden soll. Soll die Frau, die das Kind austrägt, es behalten, spricht man von einer **Eizellspende** oder auch **Embryonenspende**. **206**

§ 1591 BGB weist das Kind rechtlich in beiden Fällen der Frau zu, die es austrägt. Der (nur) **biologischen Mutter** gesteht das deutsche Gesetz dagegen keinerlei Rechte zu, ohne dass die Absicht der Beteiligten dabei berücksichtigt würde.

Die **gerichtliche Feststellung** der Mutterschaft kann als Abstammungssache beim Familiengericht beantragt werden (§ 169 Nr. 1 FamFG). Weil eine § 1600d Abs. 4 BGB entsprechende Norm fehlt, hat ein solches Verfahren aber nur deklaratorische Bedeutung. Ein **Feststellungsinteresse** besteht daher auch nur bei Zweifeln an der Mutterschaft, z. B. wenn ein Kind als Säugling verwechselt, entführt oder untergeschoben worden sein kann.

Die vorherige Feststellung der Mutterschaft ist keine Voraussetzung für ein Verfahren auf Herausgabe des Kindes an die wahre Mutter (§ 1632 Abs. 1 BGB).

Dies kann daher auch unmittelbar beantragt werden. Die Abstammung wird dann inzident geprüft.

207 Bringt eine Frau, die mit einer anderen Frau verheiratet ist, ein Kind zur Welt, so ist nur die erste der beiden Frauen Mutter des Kindes. § 1592 Nr. 1 BGB ist hierauf nicht entsprechend anwendbar. Will auch die **Ehefrau der Mutter** die Elternstellung erlangen, muss sie das Kind adoptieren.
Bringt eine Person ein Kind zur Welt, die nach Maßgabe von § 10 TSG als **Mann** anzusehen ist, so ist wegen § 11 TSG diese Person mit ihren früheren weiblichen Personalien als Mutter in das Geburtsregister einzutragen.

→ Entscheidung Nr. 26 und 27

III. Vaterschaft

208 Das Recht der väterlichen Abstammung wird durch drei Prinzipien geprägt, die man schlagwortartig wie folgt zusammenfassen kann:

- **Wer es ist, der ist es.** Niemand kann sich auf die Unrichtigkeit einer nach § 1592 BGB bestehenden Vaterschaft berufen (positive Sperrwirkung).
- **Ist es keiner, so ist es keiner.** Solange keine Vaterschaft nach § 1592 BGB begründet ist, kann sich niemand darauf berufen, der Vater eines Kindes zu sein (negative Sperrwirkung).
- **Es kann nur einen geben.** Weder kann ein Kind gleichzeitig, noch kann es sukzessiv von verschiedenen Männern abstammen (Highlander-Regel).

→ Übersicht Nr. 9 zu Begründung und Beseitigung der Vaterschaft

209 **1. Vaterschaft kraft Gesetzes.** Ohne weiteres ist Vater eines Kindes der Mann, der mit dessen Mutter zur Zeit der Geburt des Kindes verheiratet ist (§ 1592 Nr. 1 BGB). Die Ehefrau der Mutter erhält keinen vergleichbaren Status (s. Rn. 207)

210 Ist die Ehe **durch Tod** aufgelöst, so gilt dies auch noch, wenn das Kind innerhalb von 300 Tagen nach der Eheauflösung geboren wird (§ 1593 S. 1 BGB) oder nachweisbar noch während der Ehe gezeugt wurde (§ 1593 S. 2 BGB). Für die Eheauflösung unter Lebenden gilt dies nicht. Das Gesetz geht hier davon aus, dass die geschlechtlichen Beziehungen schon eine entsprechende Zeit vor der Scheidung oder Aufhebung der Ehe beendet worden sind.

§ 1593 S. 3 und 4 BGB regelt den Fall, dass die Voraussetzungen des § 1592 Nr. 1 BGB auf **mehrere Männer** zutreffen. Es kommt dann (zunächst) auf die **spätere Ehe** an. Nur wenn die Vaterschaft des späteren Ehemannes erfolgreich angefochten wird, ist der frühere Ehemann Vater. 211
§ 1593 S. 3 und 4 BGB sind **analog anzuwenden**, wenn die Mutter eines Kindes mit mehreren Männern *gleichzeitig* verheiratet war. Auch dann gibt (zunächst) die spätere Ehe den Ausschlag, selbst wenn sie nach §§ 1306, 1314 Abs. 1 BGB aufgehoben wird.

→ Entscheidung Nr. 28

2. Vaterschaft kraft Feststellung. Eine Vaterschaft kann im Übrigen nur durch Rechtsakt begründet werden, und zwar durch 212
- Rechtsgeschäft (Anerkenntnis, § 1592 Nr. 2 BGB) oder
- Beschluss des Familiengerichts (gerichtliche Feststellung, § 1592 Nr. 3 BGB).

Jede Feststellung der Vaterschaft hat **Rückwirkung**. Sie bewirkt, dass der betreffende Mann nachträglich auch schon für die Zeit zwischen der Geburt und der Feststellung als Vater zu behandeln ist. 213

a) Anerkenntnis. Das Anerkenntnis der Vaterschaft ist eine einseitige, nicht empfangsbedürftige Willenserklärung. **Wirksam** wird es erst, wenn 214
- keine andere Vaterschaft (mehr) besteht (§ 1594 Abs. 2 BGB) und
- alle nach §§ 1595, 1596 BGB erforderlichen Zustimmungserklärungen wirksam abgegeben worden sind.

Ein schon **vor der Geburt** abgegebenes Anerkenntnis wird, falls alle anderen Voraussetzungen vorliegen, *mit* der Geburt wirksam (§ 1594 Abs. 4 BGB).
Ist das Anerkenntnis ein Jahr nach seiner Abgabe noch nicht wirksam geworden, kann der Anerkennende es **widerrufen** (§ 1597 Abs. 2 BGB). Auch der Widerruf ist einseitige, nicht empfangsbedürftige Willenserklärung. Er ist nicht mehr möglich, nachdem das Anerkenntnis – auch nach Ablauf der Jahresfrist – wirksam geworden ist.
Nur ein **Mann** kann die Vaterschaft anerkennen. Wer durch eine Änderung der Geschlechtszugehörigkeit nach § 8 Transsexuellengesetz zur Frau geworden ist, kann dies aber unter seinen früheren, männlichen Personalien immer noch tun, sogar wenn das Kind erst nach der Geschlechtsumwandlung aus Spendersamen erzeugt wurde.

→ Entscheidung Nr. 29

Der gesetzliche Vertreter eines **geschäftsunfähigen Mannes** kann in dessen Namen die Vaterschaft anerkennen, benötigt dazu aber eine Genehmigung des 215

Betreuungsgerichts oder – falls der Mann noch minderjährig ist – des Familiengerichts (§ 1596 Abs. 1 S. 3 BGB).
Im Übrigen ist jede gesetzliche wie gewillkürte **Stellvertretung ausgeschlossen** (§ 1596 Abs. 1 S. 1, Abs. 3 Hs. 1, Abs. 4 BGB). Das Anerkenntnis eines **minderjährigen Mannes** erfordert zu seiner Wirksamkeit jedoch die Zustimmung seines gesetzlichen Vertreters (§ 1596 Abs. 1 S. 2 BGB). Dasselbe gilt für einen volljährigen Mann, für den das Betreuungsgericht einen das Anerkenntnis erfassenden **Einwilligungsvorbehalt** (§ 1903 BGB) angeordnet hat (§ 1596 Abs. 3 Hs. 2 BGB).

216 Nach § 1595 Abs. 1 BGB ist zur Wirksamkeit des Anerkenntnisses die **Zustimmung der Mutter** erforderlich. Auch das ist eine einseitige, nicht empfangsbedürftige Willenserklärung und folgt denselben Regeln wie das Anerkenntnis selbst (vgl. § 1596 Abs. 1 S. 4 BGB). Nach dem **Tod der Mutter** lässt der Wortlaut des Gesetzes ein wirksames Anerkenntnis nicht mehr zu (LG Koblenz StAZ 2003, 303). Das ist zumindest unpraktisch und es stellt sich daher die Frage, ob es nicht durch teleologische Reduktion des § 1595 Abs. 1 BGB korrigiert werden sollte (s. zum Meinungsstand: MüKo.BGB/*Wellenhofer* § 1595 Rn. 14).

217 Die **Zustimmung des Kindes** ist dagegen nur erforderlich, wenn der Mutter die gesetzliche Vertretungsmacht für das Kind zu dieser Frage fehlt (§ 1595 Abs. 2 BGB).
Ist das Kind – wie zumeist – geschäftsunfähig oder noch nicht 14 Jahre alt, handelt sein **gesetzlicher Vertreter** in seinem Namen (§ 1596 Abs. 2 S. 1 BGB). Ansonsten muss das Kind die Erklärung selbst abgeben. So lange es nicht volljährig ist, benötigt es dazu aber wiederum die Zustimmung des gesetzlichen Vertreters (§ 1596 Abs. 2 S. 3 BGB). Auch ein volljähriges Kind kann die Zustimmung des gesetzlichen Vertreters benötigen, wenn ein Einwilligungsvorbehalt angeordnet wurde (Umkehrschluss aus § 1903 Abs. 2 BGB).

218 Das Anerkenntnis und alle erforderlichen Zustimmungserklärungen müssen **öffentlich beurkundet** werden (§ 1597 Abs. 1 BGB). Das kann beim Notar, der Urkundsperson des Jugendamtes (§ 59 Abs. 1 Nr. 1 SGB VIII) oder dem Standesbeamten (§ 44 PStG) geschehen.

219 **Unwirksam** ist das Anerkenntnis nach § 1598 Abs. 1 BGB nur, wenn es den Vorschriften der §§ 1594 bis 1597 BGB nicht entspricht. *Andere* Unwirksamkeitsgründe gibt es nicht, so dass z. B. keine Anfechtung wegen arglistiger Täuschung (§ 123 Abs. 1 BGB) in Betracht kommt.
Die Unwirksamkeit ist nach § 1598 Abs. 2 BGB überdies **heilbar**: Ist der Anerkennende aufgrund des unwirksamen Anerkenntnisses als Vater in ein Perso-

nenstandsregister eingetragen worden, wird das Anerkenntnis wirksam, wenn seit der Eintragung fünf Jahre verstrichen sind, ohne dass vorher die Berichtigung des Registers beantragt oder ein negativer Feststellungsantrag nach § 169 Nr. 1 FamFG beim Familiengericht gestellt wurde. Das gilt wegen § 1594 Abs. 2 BGB freilich nicht, falls inzwischen ein anderer die Vaterschaft wirksam anerkannt hat.

Prüfungsschema für Vaterschaft aus § 1592 Nr. 2 BGB:
- Nichtbestehen einer anderen Vaterschaft (§ 1594 Abs. 2 BGB)
- Vorliegen eines Anerkenntnisses; falls von einem Vertreter im Namen des Mannes erklärt:
  - Geschäftsunfähigkeit des Mannes (§ 1596 Abs. 1 S. 3 Hs. 1 BGB)
  - gesetzliche Vertretungsmacht des Erklärenden
  - Genehmigung des Familien- oder Betreuungsgerichts (§ 1596 Abs. 1 S. 3 Hs. 2 BGB)
- Zustimmung der Mutter; falls von einem Vertreter im Namen der Mutter erklärt: wie beim Anerkenntnis (§ 1596 Abs. 1 S. 4 BGB)
- wenn Mutter nicht zur Vertretung des Kindes befugt: Zustimmung des Kindes; falls von einem Vertreter im Namen des Kindes erklärt:
  - Kind geschäftsunfähig oder unter 14 Jahre (§ 1596 Abs. 2 S. 1 BGB)
  - gesetzliche Vertretungsmacht des Erklärenden
- wenn Anerkennender minderjährig oder Einwilligungsvorbehalt angeordnet: Zustimmung seines gesetzlichen Vertreters (§ 1596 Abs. 1 S. 2, Abs. 3 Hs. 2 BGB)
- wenn Mutter minderjährig oder Einwilligungsvorbehalt angeordnet: Zustimmung ihres gesetzlichen Vertreters (§ 1596 Abs. 1 S. 4, S. 2, Abs. 3 Hs. 2 BGB)
- wenn Zustimmung des Kindes erforderlich und Kind mindestens 14 Jahre alt, aber noch minderjährig oder Einwilligungsvorbehalt angeordnet: Zustimmung seines gesetzlichen Vertreters (§ 1596 Abs. 2 S. 2 Hs. 2, Abs. 3 Hs. 2 BGB)
- Formunwirksamkeit einer der notwendigen Erklärungen nach §§ 1598 Abs. 1, 1597 Abs. 1 BGB
- Falls irgendeine Voraussetzung (außer der Anerkenntniserklärung als solcher) fehlt: Heilung des Mangels nach § 1598 Abs. 2 BGB

b) Gerichtliche Feststellung. Die gerichtliche Feststellung der Vaterschaft ge- **220**
schieht **auf Antrag** des Kindes, der Mutter oder des Mannes, der als Vater festgestellt werden will (vgl. §§ 171, 172 FamFG). Die Antragsbefugnis ist nicht ver-

erblich. Sind alle drei Antragsberechtigten verstorben, ist eine gerichtliche Feststellung der Vaterschaft daher nicht mehr möglich.
Das **Familiengericht** stellt die Vaterschaft nur fest, wenn das Kind tatsächlich biologisch von dem vermeintlichen Vater abstammt. Das ist von Amts wegen aufzuklären und lässt sich in der Regel durch Genanalyse mit an Sicherheit grenzender Wahrscheinlichkeit klären. Nur in seltenen Fällen ist ein Rückgriff auf die Vermutung des § 1600d Abs. 2 BGB nötig.
Die **Rechtskraft** der die Vaterschaft feststellenden Endentscheidung wirkt gegen jedermann (§ 184 Abs. 2 FamFG).

221 **3. Statusänderungen.** Eine nach § 1592 BGB bestehende Vaterschaft kann nur auf folgende Art wieder beseitigt werden:

- durch **Anfechtung**, wenn sie auf § 1592 Nr. 1 oder Nr. 2 BGB begründet ist (§ 1599 Abs. 1 BGB),
- durch **scheidungsakzessorisches Anerkenntnis** in dem in § 1599 Abs. 2 BGB geregelten Sonderfall, oder
- durch **Wiederaufnahme** des Feststellungsverfahrens, wenn die Vaterschaft auf gerichtlicher Feststellung nach § 1592 Nr. 3 BGB beruht (§ 48 Abs. 2 FamFG).

222 Auch alle diese Statusänderungen erfolgen mit **Rückwirkung**:
Hat der bisherige Vater (= Scheinvater) dem Kind **Unterhalt** geleistet, fehlt dafür der Rechtsgrund. Er kann den Unterhalt von dem Kind als ungerechtfertigte Bereicherung zurückfordern (§ 812 Abs. 1 S. 1 Alt. 1 BGB), wegen § 818 Abs. 3 BGB allerdings nur, soweit es ihn noch nicht verbraucht hat. Weil das meist so sein wird, geht nach § 1607 Abs. 3 S. 2 BGB der (wegen § 1613 Abs. 2 Nr. 2 BGB ebenfalls rückwirkend entstehende) Unterhaltsanspruch des Kindes gegen den wirklichen Vater auf ihn über (Scheinvaterregress).
Eine **Sorgeerklärung**, die die Mutter zusammen mit dem Scheinvater abgegeben hat, wird ebenso gegenstandslos wie eine **Sorgerechtsentscheidung** des Familiengerichts nach §§ 1671, 1672 BGB. Die Mutter ist nach § 1626a Abs. 3 BGB als von Anfang an allein sorgeberechtigt anzusehen.
Das **Geburtsregister** und die Geburtsurkunde werden unrichtig und müssen berichtigt werden.

223 **a) Anfechtung der Vaterschaft.** Das Recht zur Anfechtung der Vaterschaft ist ein durch Verfahrenshandlung (Antrag beim Familiengericht) auszuübendes materielles **Gestaltungsrecht**. Wirksam wird die Anfechtung mit Rechtskraft der Entscheidung, durch die das Familiengericht ausspricht, dass die angefochtene Vaterschaft nicht besteht (§ 1599 Abs. 1 BGB). Der Beschluss wirkt gegen jeder-

mann (§ 184 Abs. 2 FamFG). Die materiellen **Voraussetzungen** der Ausübung des Anfechtungsrechts sind:

- eine Anfechtungsbefugnis (§ 1600 Abs. 1 BGB),
- ein Anfechtungsgrund und
- die Einhaltung der Anfechtungsfrist (§ 1600b BGB),
- ggf. auch noch das Vorliegen der zusätzlichen Voraussetzungen in §§ 1600 Abs. 2, 1600a Abs. 4 BGB und das Nichtbestehen eines Anfechtungshindernisses aus § 1600 Abs. 4 BGB.

Erfolgreich ausgeübt werden kann das Anfechtungsrecht außerdem nur, wenn **224**
das Kind biologisch nicht von dem Mann abstammt, der nach § 1592 Nr. 1 oder Nr. 2 BGB als sein Vater gilt.

Antragsbefugnis, Einhaltung der Frist und die besonderen Anfechtungsvoraussetzungen in §§ 1600 Abs. 2 und 4, 1600a Abs. 4 BGB sind sämtlich materiell-rechtliche Erfordernisse. Fehlt es an irgendeinem von ihnen, ist der Antrag **unbegründet**, nicht unzulässig. Einzig für die eidesstattliche Versicherung in § 1600 Abs. 1 Nr. 2 BGB wird das überwiegend anders gesehen.

Anfechtungsbefugt sind nach § 1600 Abs. 1 BGB: **225**

- das Kind,
- seine Mutter,
- der Mann, dessen Vaterschaft angefochten werden soll (Scheinvater),
- jeder andere Mann, der durch eidesstattliche Versicherung glaubhaft macht, dass er das Kind gezeugt haben kann.

Die **Mutter** und der **Scheinvater** können die Vaterschaft nicht anfechten, wenn **226**
das Kind durch **heterologe Insemination** gezeugt wurde, falls sie in diese Behandlung wirksam eingewilligt haben (§ 1600 Abs. 4 BGB). Nichts anderes kann für eine IVF mit Spendersamen gelten.

Die Einwilligung unterliegt keinen besonderen Voraussetzungen und ist auch wirksam, wenn die heterologe Insemination nicht als medizinische Maßnahme, sondern von den Beteiligten selbst vorgenommen wurde. Die Einigkeit der Mutter und ihres Partners über eine heterologe Insemination enthält außerdem ein **vertragliches Unterhaltsversprechen** zugunsten des Kindes für den Fall, dass der Mann sich später weigert, die Vaterschaft anzuerkennen (BGH NJW 2015, 3434).

227 Ein Mann, der an Eides Statt versichert, der Mutter des Kindes während der Empfängniszeit beigewohnt zu haben, kann die Vaterschaft nur anfechten, wenn das Kind zum Scheinvater keine sozial-familiäre Beziehung unterhält oder bis zu dessen Tod unterhalten hat (§ 1600 Abs. 2 BGB).
„Beiwohnung" ist nicht wörtlich zu nehmen: Es genügt, wenn er der Mutter seinen Samen auf andere Weise beigebracht zu haben versichern kann (vgl. BGH NJW 2013, 2589). Das gilt auch für Fälle einer informellen Samenspende („Becherspende"). Nur der anonyme Samenspender wird durch die Vorschrift von der Anfechtung ausgeschlossen.

228 Eine **sozial-familiäre Beziehung** besteht nach § 1600 Abs. 3 S. 1 BGB in der Übernahme tatsächlicher Verantwortung für das Kind. Das ist wiederum im Sinne von *Regelbeispielen* anzunehmen, wenn der Vater mit der Mutter (noch immer) verheiratet ist oder mit dem Kind längere Zeit in häuslicher Gemeinschaft gelebt hat oder noch immer lebt (§ 1600 Abs. 3 S. 2 BGB). Tatsächliche Verantwortung kann sich aber auch anders, z. B. in noch immer bestehenden Umgangskontakten ausdrücken. Zweck der Regelung ist, der gelebten sozialen Vaterschaft Vorrang vor der biologischen einzuräumen. Ist der Scheinvater tot, kommt es auf die Verhältnisse im Zeitpunkt seines Todes an.

229 **Erfolgreich** ist der Antrag des möglichen biologischen Vaters außerdem nur, wenn sich im Verfahren herausstellt, dass er *tatsächlich* der biologische Vater des Kindes ist. Stellt sich dagegen heraus, dass weder er noch der Scheinvater das Kind gezeugt hat, wird sein Antrag als unbegründet zurückgewiesen.
Hat der Antrag des biologischen Vaters Erfolg, so hat das zugleich die Wirkung der **Feststellung seiner Vaterschaft** i. S. v. § 1592 Nr. 3 BGB. Das Kind wird also durch die Anfechtung in diesem Falle unmittelbar seinem wirklichen Vater zugeordnet (vgl. § 182 Abs. 2 FamFG). Man kann dies daher auch als **konstruktive Anfechtung der Vaterschaft** bezeichnen.

230 Das Anfechtungsrecht ist **höchstpersönlicher Natur**. Nur für einen Geschäftsunfähigen und für das minderjährige Kind kann der gesetzliche Vertreter handeln (§ 1600a Abs. 2 S. 3, Abs. 3 BGB). Im Übrigen ist Stellvertretung im Willen unzulässig (§ 1600a Abs. 1, Abs. 2 S. 1, Abs. 5 BGB). Möglich bleibt das Einschalten eines Verfahrensbevollmächtigten (§ 10 FamFG), da das Verfahrensrecht insofern Vorrang vor dem materiellen Recht hat. Soweit der gesetzliche Vertreter handelt, steht das nach § 1600a Abs. 4 BGB unter der **zusätzlichen Voraussetzung**, dass die Anfechtung dem Wohl des Vertretenen dient. Daran kann es beim Kind z. B. fehlen, wenn abzusehen ist, dass sein wirklicher Vater nie festgestellt werden wird und es dann auf die finanzielle Unterstützung des Scheinvaters ersatzlos würde verzichten müssen.

Die Anfechtung setzt zudem einen **Anfechtungsgrund** voraus. Das ist im Gesetz nicht explizit angeordnet, wird aber aus § 1600b Abs. 1 S. 1 BGB indirekt gefolgert. Wäre für die Anfechtung ein Anfechtungsgrund nicht erforderlich, könnte sie ohne zeitliche Begrenzung erfolgen, so lange keiner existiert.

→ Entscheidung Nr. 30

Einen Anfechtungsgrund hat, wer Tatsachen kennt, aus denen ein objektiver Beobachter **Zweifel an der bestehenden Vaterschaft** herleiten würde. Solche Anfechtungsgründe können z. B. sein: 231

- das Fehlen sexueller Beziehungen in der Empfängniszeit,
- konkrete Anhaltspunkte für einen Mehrverkehr der Mutter,
- entsprechende Äußerungen der Mutter,
- Umstände, die eine Abstammung unwahrscheinlich erscheinen lassen, wie z. B., wenn sonst eine anormale Tragezeit bei normaler Entwicklung des Säuglings angenommen werden müsste oder das Kind eindeutige Erbmerkmale aufweist, die von keinem der Eltern stammen können.

Es genügt nicht, dass der Antragsteller *subjektive* Zweifel an der Vaterschaft hat. Ist der Anfechtungsgrund seinerseits streitig, muss dieser *zuerst* festgestellt werden. Sonst darf das Gericht zur Frage der Vaterschaft keinen Beweis erheben.

Auf einen Anfechtungsgrund, den sich der Antragsteller durch **rechtswidrigen Eingriff** in das Persönlichkeitsrecht des Kindes oder der Mutter verschafft hat, kann er sich nicht berufen. Deshalb schafft ein heimlicher negativer Vaterschaftstest keinen Anfechtungsgrund. Ein rechtmäßig – z. B. nach § 1598a BGB – beschafftes außergerichtliches Gutachten kann dagegen einen Anfechtungsgrund bilden. 232

Es ist unschädlich, wenn der Anfechtungsgrund schon bei der Begründung der Vaterschaft bekannt war. Auch wer die Vaterschaft bewusst der Wahrheit zuwider anerkennt, kann sie anfechten, falls nicht der Fall des § 1600 Abs. 5 BGB vorliegt.

Die **Anfechtungsfrist** beträgt **zwei Jahre** (§ 1600b Abs. S. 1 BGB). Sie ist eine materiell-rechtliche Ausschlussfrist. Sie beginnt nach § 1600b Abs. 1 S. 2 Hs. 1, Abs. 2 BGB für jeden Anfechtungsberechtigten gesondert mit dem spätesten der folgenden drei Ereignisse: 233

- Kenntnis der Tatsachen, die den Anfechtungsgrund bilden,
- Geburt des Kindes,
- Vorliegen der Voraussetzungen des § 1592 Nr. 1 oder Nr. 2 BGB.

234 Auch für den Fristbeginn ist maßgeblich, wann ein **objektiver Beobachter** Anlass zu Zweifeln an der Vaterschaft gehabt hätte. Es ist nicht erforderlich, dass der Anfechtungsberechtigte sie hatte.
§ 1600b Abs. 5 BGB enthält einige **Hemmungstatbestände** für die Frist. Dabei kann höhere Gewalt (§§ 1600b Abs. 5 S. 3, 203 BGB) auch vorliegen, wenn jemand durch Fehler der Behörden die Notwendigkeit zur Anfechtung nicht erkennen kann.

→ Entscheidung Nr. 31

235 Die gegen den **möglichen biologischen Vater** laufende Frist wird nicht dadurch gehemmt, dass er wegen des Bestehens einer sozial-familiären Beziehung nicht anfechten kann (§ 1600b Abs. 1 S. 2 Hs. 2 BGB). So lange er aber gar nicht weiß, dass ein anderer die Vaterschaft anerkannt hat, dass die Mutter verheiratet ist oder dass sie ein Kind geboren hat, fehlt ihm die Kenntnis vom Anfechtungsgrund.
Durch **Fristablauf** geht das Anfechtungsrecht grundsätzlich endgültig unter. Neue Anfechtungsgründe lassen es nicht neu entstehen. Anders wird dies nur gesehen, wenn die ursprünglichen Anfechtungsgründe **ganz ausgeräumt** waren, bevor die Frist zum ersten Mal ablief. Dann entsteht durch neue – anders geartete – Anfechtungsgründe ein neues Anfechtungsrecht.

236 **Beispiel:**
V erfährt kurz nach der Geburt des Kindes K aus zuverlässiger Quelle, seine Frau M sei während eines Sommerurlaubs in der gesetzlichen Empfängniszeit fremdgegangen. Sie versichert ihm glaubwürdig, dass sie in dieser Zeit kein Kind empfangen haben kann, da sie in dem fraglichen Zeitraum noch die Pille genommen hat und dass das Kind K daher später empfangen worden sein muss. Drei Jahre später beichtet ihm M, dass sie sich nach diesem Sommerurlaub – noch immer während der gesetzlichen Empfängniszeit – regelmäßig mit B getroffen und mit ihm geschlafen hat.
V hat einen Anfechtungsgrund, denn die Tatsache, dass M während der gesetzlichen Empfängniszeit wahrscheinlich mit anderen Männern geschlafen hat, genügt dafür. Das Anfechtungsrecht ist auch nicht durch Fristablauf erloschen, weil der ursprüngliche Anfechtungsgrund (Urlaubsabenteuer) vollständig ausgeräumt war und nun ein neuer Anfechtungsgrund entstanden ist. Stünde der ursprüngliche Verdacht noch im Raum, könnte V dagegen wegen Fristablaufs nicht mehr anfechten. Das Eingeständnis des Seitensprungs mit B würde dann nur eine *Verstärkung* des schon *bestehenden* Anfechtungsgrundes darstellen, die keine neue Frist in Gang setzt.

Ein **neues Anfechtungsrecht** entsteht nach dem Gesetz außerdem in folgenden drei Fällen: 237

- Hat der gesetzliche Vertreter des Kindes die Frist versäumt, kann das Kind nach Erlangung der Volljährigkeit selbst anfechten (§ 1600b Abs. 3 BGB).
- Dasselbe gilt für einen Anfechtungsberechtigten, der geschäftsunfähig war, wenn er die Geschäftsfähigkeit wiedererlangt (§ 1600b Abs. 4 BGB).
- Schließlich ist nach § 1600b Abs. 6 BGB das Kind jedes Mal wieder zur Anfechtung berechtigt, wenn es von Umständen erfährt, die ihm die Aufrechterhaltung der Scheinvaterschaft unzumutbar machen. Das wird nur in seltenen Ausnahmefällen angenommen, z.B. wenn der Scheinvater ein schweres Verbrechen begeht.

Auf das Anfechtungsrecht kann – von dem in § 1600 Abs. 4 BGB geregelten Fall 238
abgesehen – **nicht verzichtet** werden. Es geht nur durch Fristablauf oder Tod des Berechtigten verloren.
Die **rechtskräftige Zurückweisung** eines Anfechtungsantrags hindert die Erhebung eines neuen, soweit die tragenden Gründe reichen.

Beispiel: 239
K ist von M während ihrer Ehe mit S geboren worden. S hat später einen Antrag auf Anfechtung der Vaterschaft gestellt, der vom Gericht zurückgewiesen wurde. Nun erfährt K, dass er wahrscheinlich von B gezeugt wurde. Kann K die Vaterschaft von S noch anfechten?
Das hängt davon ab, weshalb der Antrag des S zurückgewiesen wurde:
Ist das geschehen, weil er keinen Anfechtungsgrund hatte oder weil die Frist für ihn abgelaufen war, steht die Rechtskraft dieser Entscheidung dem Antrag des K nicht entgegen.
Ist er aber zurückgewiesen worden, weil das Gericht damals nicht feststellen konnte, dass S nicht der Vater von K war, steht einem neuen Anfechtungsantrag die Rechtskraft dieser Entscheidung entgegen. K kann nur versuchen, mit einem Wiederaufnahmeantrag i. S. v. § 48 Abs. 2 FamFG zum Erfolg zu gelangen.

→ Übersicht Nr. 10: Anfechtungsberechtigte, besondere Voraussetzungen, Anfechtungsfristen

b) scheidungsakzessorisches Anerkenntnis. Wird ein Kind geboren, *während* 240
ein Scheidungsverfahren seiner Mutter anhängig (also nachdem der Scheidungsantrag bei Gericht eingereicht worden, aber bevor das Verfahren rechts-

kräftig abgeschlossen) ist, so ist es zunächst nach § 1592 Nr. 1 BGB noch immer ein Kind des Ehemannes. Der Realität entspricht dies oft nicht.
Deshalb lässt das Gesetz hier den „Austausch der Väter“ nach einem vereinfachten Modell zu: Das Anerkenntnis der Vaterschaft durch einen anderen Mann beseitigt zugleich diejenige des Ehemannes (§ 1599 Abs. 2 S. 1 BGB), wenn

- die Ehe tatsächlich in dem zur Zeit der Geburt des Kindes anhängigen Verfahren (und nicht etwa in einem späteren Verfahren) geschieden wird (§ 1599 Abs. 2 S. 3 BGB),
- der Scheinvater dem Anerkenntnis zustimmt (§ 1599 Abs. 2 S. 2 BGB), und
- das Anerkenntnis spätestens ein Jahr nach Rechtskraft des Scheidungsurteils wirksam wird.

Für die zusätzliche Zustimmungserklärung des Scheinvaters gelten dieselben Vorschriften wie für die Zustimmung der Mutter.
Das Vaterschaftsanerkenntnis muss außerdem alle anderen gesetzlichen Voraussetzungen (Rn. 219) erfüllen. Erfüllt das Anerkenntnis die Voraussetzungen des § 1599 Abs. 2 BGB nicht, ist es nicht etwa gänzlich unwirksam. Es bleibt dann nur bei der Regel in § 1594 Abs. 2, dass es nicht wirksam werden kann, solange die Vaterschaft des Ehemannes nicht angefochten ist.

241 **c) Wiederaufnahme des Feststellungsverfahrens.** Eine auf § 1592 Nr. 3 BGB gegründete Vaterschaft kann nur durch Wiederaufnahme des Feststellungsverfahrens (§ 48 Abs. 2 FamFG) wieder beseitigt werden.
Über die in §§ 579, 580 ZPO genannten Wiederaufnahmegründe hinaus genügt dafür auch die Vorlage eines **neuen Gutachtens**, das die Vaterschaft ausschließt (§ 185 FamFG). Die Existenz eines solchen Gutachtens ist allerdings *schon Voraussetzung* für den Restitutionsantrag. Das Gutachten muss also *vorher* eingeholt worden sein. Das kann u.U. auch durch Vorschalten eines Verfahrens nach § 1598a BGB erreicht werden.

IV. Recht auf Kenntnis der eigenen Abstammung

242 Das Bundesverfassungsgericht hat aus dem allgemeinen Persönlichkeitsrecht (Art. 1 Abs. 1, 2 Abs. 1 GG) ein *Grundrecht* des Menschen auf Kenntnis seiner Abstammung hergeleitet und Gesetzgeber wie Fachgerichte verpflichtet, diesem Grundrecht möglichst zur effektiven Durchsetzung zu verhelfen (BVerfG NJW 1989, 891).

Dazu ist nicht stets auch ein Statuswechsel erforderlich. Vielmehr kann es für das Kind schon ausreichend sein, seine biologischen Wurzeln zu kennen, ohne dass daraus Rechtsfolgen abgeleitet werden. Das hat mehrere praktische Konsequenzen:

1. Statusunabhängige Überprüfung der Abstammung. § 1598a Abs. 1 BGB gibt 243
Vater, Mutter und Kind einen wechselseitigen Anspruch auf Mitwirkung bei genetischen Abstammungsuntersuchungen. Der Anspruch ist suspendiert, solange die Feststellung das Wohl des Kindes gefährden könnte (§ 1598a Abs. 3 BGB). Das Gesetz unterscheidet nicht nach der Art der Abstammung. Es ist also auch möglich, über § 1598a BGB eine Untersuchung der Mutterschaft zu erreichen.
Gegenstand des Verfahrens ist nur die **Zustimmung** zur – außergerichtlichen – Untersuchung. Das Untersuchungsergebnis hat daher keine unmittelbaren Folgen für die Abstammung im Rechtssinn. Für die Mutterschaft bleibt es bei § 1591 BGB, eine abweichende Vaterschaft aus § 1592 Nr. 1 oder Nr. 2 BGB bleibt bestehen. Das Untersuchungsergebnis kann allerdings einen Anfechtungsgrund zur Folge haben. Es eröffnet aber keine *neue* Möglichkeit zur Anfechtung der Vaterschaft, wenn die Frist dafür vorher schon abgelaufen war.
Gegen Dritte besteht weder ein Mitwirkungsanspruch, noch können Dritte einen Anspruch aus § 1598a BGB haben. Das gilt auch für den Mann, der als biologischer Vater in Frage kommt (BVerfG NJW 2016, 1939).

2. Auskunft über den Erzeuger. Die Gerichte leiten aus § 1618a BGB einen **An-** 244
spruch des vaterlosen Kindes gegen seine Mutter auf Auskunft über mögliche biologische Väter ab. Die Geltendmachung eines solchen Anspruchs erfolgt als sonstige Familiensache iSv § 266 Abs. 1 Nr. 4 FamFG beim Familiengericht. Ist die Mutter zur Auskunft verpflichtet worden, kann daraus auch vollstreckt werden (nämlich nach § 95 Abs. 1 Nr. 3 FamFG i. V. m. § 888 Abs. 1 ZPO durch Zwangsgeld und/oder Zwangshaft). Der Anspruch kann auch vom gesetzlichen Vertreter des Kindes geltend gemacht werden. Er setzt aber ein persönliches, immaterielles Eigeninteresse des Kindes an seiner Abstammung voraus. Dem Scheinvater, der dem Kind Unterhalt gewährt hat und nun nach § 1607 Abs. 3 S. 2 BGB Regress nehmen will, steht ein entsprechender Anspruch von vornherein nicht zu. Er hat ja nur ein finanzielles Interesse. Kennt das Kind seinen Erzeuger, ist es dem Scheinvater allerdings wegen §§ 412, 402 BGB zur Auskunft darüber verpflichtet.

→ Entscheidung Nr. 32

§ 1618a BGB verlangt **gegenseitige Rücksichtnahme**. Deshalb besteht der Aus- 245
kunftsanspruch nicht, wenn die Persönlichkeitsrechte der Mutter (oder des Er-

zeugers des Kindes) schwerer wiegen als dessen Rechte. Ob dies der Fall ist, kann nur durch *Abwägung im Einzelfall* festgestellt werden. Die Rechte des Kindes wiegen nicht etwa schon deshalb schwerer, weil es der an seiner Zeugung „unschuldige" Teil ist. Die Mutter muss die Gründe für ihre Weigerung immerhin aber benennen, damit sie der Auskunftspflicht entgehen kann.

246 Diese Auskunftsansprüche des Kindes sind **persönlicher** Natur. Das schließt es zwar nicht aus, dass sie vom gesetzlichen Vertreter des noch minderjährigen Kindes geltendgemacht werden. Er muss dabei aber im persönlichen Interesse des Kindes handeln. Aus Eigeninteresse kann er die Auskunft nicht fordern.

→ Entscheidung Nr. 33

247 **3. Samenspenderregister.** Dem durch ärztlichen Eingriff mit **Spendersamen** gezeugten Kind steht aus § 10 SaRegG ein Anspruch auf Auskunft aus dem Samenspenderregister zu, das seit dem 1. Juli 2018 beim Deutschen Institut für Medizinische Dokumentation und Information geführt wird. Alle danach durch Ärzte im Inland vorgenommenen erfolgreichen heterologen Inseminationen mit Spendersamen werden dort inklusive der Personalien des Samenspenders registriert (§ 6 SaRegG).
Ein Kind, das vorher schon gezeugt wurde, hat aus § 242 BGB ein Auskunftsanspruch direkt gegen den behandelnden Arzt. Er muss auf Anforderung des Kindes den Samenspender benennen und kann sich deswegen nicht auf seine, dem Samenspender gegenüber geltende, ärztliche Schweigepflicht berufen. § 13 SaRegG verpflichtet Ärzte und Kliniken dazu, die Unterlagen über eine solche Samenspende 110 Jahre lang aufzubewahren.

V. Unterhalt unter Verwandten

248 **1. Grundlagen.** Verwandte **in gerader Linie** schulden einander Unterhalt (§ 1601 BGB), soweit der eine von ihnen bedürftig (§ 1602 BGB) und der andere leistungsfähig (§ 1603 BGB) ist.

249 **Bedürftig** ist nach § 1602 Abs. 1 BGB, wer außerstande ist, sich selbst zu unterhalten. Einzusetzen ist hierfür grundsätzlich alles, Einkommen wie Vermögen. Wer seine Verwandten auf Unterhalt aus § 1601 BGB in Anspruch nimmt, muss vorher sein gesamtes Vermögen verbraucht haben. Ein Schonvermögen – wie z. B. im Sozialhilferecht – gibt es nicht. Zum Vermögen gehören auch Ansprüche gegen Dritte, z. B. aus § 528 BGB.

Leistungsfähig ist nach § 1603 Abs. 1 BGB, wer Unterhalt gewähren kann, ohne den eigenen angemessenen Lebensbedarf zu gefährden. Hierzu steht in jedem Falle das Einkommen des Verpflichteten zur Verfügung. Inwieweit auch der Verpflichtete sein Vermögen einsetzen muss, hängt von den Umständen ab. Er muss es jedenfalls nicht einsetzen, soweit er es zur Aufrechterhaltung einer eigenen angemessenen Altersvorsorge benötigt. **250**
Was der eigene „angemessene" Bedarf ist, hängt ebenfalls von den Umständen ab. Gegenüber näheren Verwandten ist er geringer als gegenüber ferneren.

Der Unterhalt ist für gewöhnlich als **Geldrente** monatlich im Voraus zu zahlen (§ 1612 Abs. 1, Abs. 3 BGB). **251**
Ihre **Höhe** hängt vom konkreten Bedarf ab, der wiederum von der Lebensstellung des Berechtigten abhängt (§ 1610 BGB). Sie ist durch das Maß der Leistungsfähigkeit des Verpflichteten nach oben begrenzt.

Für die **Vergangenheit** kann Unterhalt normalerweise nicht gefordert werden, auch nicht, wenn die Anspruchsvoraussetzungen vorlagen. *In praeteritum non vivitur.* § 1613 Abs. 1 BGB macht davon eine Ausnahme, die verhindern soll, dass der Verpflichtete sich der Zahlung durch Verzögerungstaktik ganz entziehen kann. Die weiteren, in § 1613 Abs. 2 BGB enthaltenen Ausnahmen tragen Situationen Rechnung, in denen der Berechtigte keine Möglichkeit hatte, den Anspruch im Voraus geltend zu machen. **252**

Der Unterhaltsanspruch **endet mit dem Tod** des Berechtigten oder des Verpflichteten (§ 1615 Abs. 1 BGB), doch gehören die Kosten der Bestattung des Berechtigten ggf. noch dazu (§ 1615 Abs. 2 BGB); beachte ferner § 1969 BGB. Nichts anderes gilt übrigens für Getrenntlebensunterhalt (§§ 1361 Abs. 4 S. 4, 1360a Abs. 3, 1615 BGB). Die Unterhaltsansprüche nach Scheidung enden dagegen nicht mit dem Tod des Verpflichteten (vgl. § 1586b BGB). Der Erbe kann allenfalls seine Haftung auf den Nachlass beschränken. **253**

Der Anspruch aus § 1601 BGB kann **verwirkt** sein (§ 1611 Abs. 1 BGB), nicht jedoch, soweit Eltern ihrem minderjährigen Kind Unterhalt schulden (§ 1611 Abs. 2 BGB). Die Schwelle hierfür liegt aber sehr hoch. **254**

→ Entscheidung Nr. 34

In der Praxis kommt Verwandtenunterhalt nur sehr selten in anderen als den unmittelbaren Eltern-Kind-Beziehungen vor. Meist geht es um Kindesunterhalt, zuweilen auch um den Unterhalt, den Kinder ihren Eltern schulden (Elternunterhalt). **255**

→ Übersicht Nr. 11 zum Elternunterhalt

256 2. **Kindesunterhalt.** Für Unterhalt, den Eltern ihren Kindern schulden, gelten zahlreiche Besonderheiten, vor allem zugunsten minderjähriger Kinder.

257 a) **Bedürftigkeit.** Auch Kinder sind dem Grundsatz nach verpflichtet, sich selbst zu unterhalten, soweit sie dies können. Minderjährige Kinder werden aber durch § 1602 Abs. 2 BGB privilegiert: Sie sind nicht verpflichtet, den **Stamm ihres Vermögens** zu verbrauchen, können also Unterhalt bereits verlangen, wenn ihr *Einkommen* nicht zur Bedarfsdeckung ausreicht. Die *Reinerträge* ihres Vermögens gehören zum einzusetzenden Einkommen.

258 b) **Leistungsfähigkeit.** Gegenüber minderjährigen Kindern sind Eltern, auch soweit sie nach allgemeinen Maßstäben nicht leistungsfähig sind, zum Unterhalt verpflichtet, soweit sie ihn gewährleisten können, wenn sie „alle verfügbaren Mittel" gleichmäßig zum eigenen wie zum Unterhalt der Kinder verwenden (§ 1603 Abs. 2 S. 1 BGB).

Hieraus folgt zunächst eine **gesteigerte Erwerbsobliegenheit**. Eltern wird im Verhältnis zu solchen Kindern zugemutet, ihr eigenes Leben so zu gestalten, dass sie jedenfalls den Mindestbedarf der Kinder zu decken imstande sind. Sie müssen hierfür Einschränkungen ihrer persönlichen Freiheit, der Freiheit der Berufswahl, ja auch der freien Wahl des Wohnortes in Kauf nehmen. Auch neben einer vollschichtigen Erwerbstätigkeit können sie zu Nebentätigkeiten verpflichtet sein. Auch dies hat allerdings Grenzen. So darf z.B. von einem Vater kein Umzug verlangt werden, der es ihm unmöglich macht, mit dem Kind danach noch regelmäßigen Umgang zu pflegen, wozu er nach § 1684 Abs. 1 BGB ja ebenfalls verpflichtet ist.

☞ Wer weniger als den Mindestunterhalt des § 1612a BGB zahlen will, muss wegen der gesteigerten Erwerbsobliegenheit nicht nur vortragen, dass sein Einkommen unter dem kleinen Selbstbehalt liegt, sondern auch, weshalb es ihm nicht möglich ist, das Einkommen durch Nebeneinkünfte oder einen Arbeitsplatzwechsel entsprechend zu steigern.

→ Entscheidung Nr. 35

259 Außerdem folgt aus § 1603 Abs. 2 S. 1 BGB, dass Eltern sich diesen Kindern gegenüber nur auf ihren **notwendigen Eigenbedarf**, den „kleinen" Selbstbehalt berufen können, der bei nicht erwerbstätigen Elternteilen derzeit mit € 880, bei erwerbstätigen mit € 1.080 angesetzt wird (Teil A Anmerkung 5 Abs. 1 zur Düsseldorfer Tabelle).

Nach § 1603 Abs. 2 S. 2 BGB besteht die gesteigerte Unterhaltspflicht auch noch gegenüber **volljährigen Kindern**, solange sie unverheiratet sind, im Haushalt eines Elternteils leben und noch eine allgemeinbildende Schule besuchen. Keine gesteigerte Unterhaltspflicht besteht dagegen gegenüber Kindern, die sich aus dem **Stamm ihres Vermögens** unterhalten können (§ 1603 Abs. 2 S. 3 BGB). Ihnen gegenüber sind Eltern zwar grundsätzlich ebenfalls unterhaltspflichtig (§ 1602 Abs. 2 BGB), doch beurteilt sich ihre Leistungsfähigkeit dann nach § 1603 Abs. 1 BGB. **260**

Soweit sich die Leistungsfähigkeit nach § 1603 Abs. 1 BGB richtet, gesteht die Düsseldorfer Tabelle Eltern gegenüber Kindern einen **angemessenen Eigenbedarf** von € 1.300 zu (Teil A Anm. 5 Abs. 2 zur Düsseldorfer Tabelle). **261**

c) Art und Maß des Unterhalts. Auch für Kinder entspricht der Bedarf ihrer Lebensstellung (§ 1610 BGB), doch ist dafür eine eigene Lebensstellung erst maßgeblich, wenn sie eine erlangt, also das Elternhaus verlassen haben. Solange sie minderjährig sind oder noch zuhause wohnen, haben sie dagegen am **Lebensstandard der Eltern** teil. **262**

Gegenüber einem **unverheirateten Kind** steht den Eltern ein Leistungsbestimmungsrecht zu (§ 1612 Abs. 2 BGB). Sie können wählen, ob sie dem Kind eine Geldrente gewähren oder ihrer Unterhaltspflicht durch Gewährung von **Naturalunterhalt** (Kost, Logis, Bekleidung usw.) nachkommen. Das gilt grundsätzlich auch für Kinder, die das Elternhaus schon verlassen hatten oder verlassen wollen. Auf das Alter kommt es nicht an. **263**

Beim **minderjährigen Kind** geht das Aufenthaltsbestimmungsrecht vor. Steht es einem Elternteil nicht zu, kann er Naturalunterhalt nur wählen, solange sich das Kind tatsächlich bei ihm aufhält oder der zur Aufenthaltsbestimmung Berechtigte der Leistungsbestimmung zustimmt.

Beim **volljährigen Kind** müssen die Eltern auf seine Belange **die gebotene Rücksicht** nehmen, andernfalls ihm immer eine Geldrente zusteht. Hat das Kind bis zu seinem 18. Geburtstag bei einem Elternteil gelebt, kann der andere nicht verlangen, dass es nun sofort zu ihm umzieht. Es braucht auch keine Schul- oder Berufsausbildung abbrechen, nur damit ein Elternteil ihm Naturalunterhalt gewähren kann.

Soweit beide Eltern unterhaltspflichtig sind, steht ihnen das Leistungsbestimmungsrecht zudem nur **gemeinsam** zu.

Meist lebt ein Kind, für das Unterhalt verlangt wird, mit nur **einem Elternteil** in einem gemeinsamen Haushalt. Für diesen Fall stellt § 1606 Abs. 3 S. 2 BGB das Prinzip der Gleichwertigkeit von Barunterhalt und Kinderbetreuung auf: **264**

Der betreuende Elternteil erfüllt *hierdurch* seine Unterhaltspflicht. Der andere hat den **Barbedarf** zu decken.
Das gilt jedoch nur für **minderjährige Kinder**. Volljährigen wird weder Betreuung noch Erziehung geschuldet. Beide Eltern schulden ihm anteiligen Unterhalt nach ihrer jeweiligen Leistungsfähigkeit (§ 1606 Abs. 3 S. 1 BGB).

265 § 1612a BGB setzt für **minderjährige Kinder** für drei Altersstufen einen monatlichen **Mindestbedarf** fest, der an den Kinderfreibetrag bei der Einkommensteuer gekoppelt ist.
Diese Regelung bildet die Basis für die **pauschalierten Bedarfssätze** der Düsseldorfer Tabelle. Deren Grundidee ist, dass das Kind vom Lebensstandard des betreuenden Elternteils schon durch die Aufnahme in dessen Haushalt profitiert, der Barunterhalt daher an den Lebensstandard des anderen Elternteils zu koppeln ist, damit es auch daran einen Anteil hat. Daher setzt sie Barbedarfssätze in **Abhängigkeit vom Einkommen** des barunterhaltspflichtigen Elternteils fest. Für zehn Einkommensstufen und vier Altersklassen werden 40 unterschiedliche Barbedarfssätze bestimmt. Die Sätze der 1. Einkommensstufe sind die Mindestbedarfssätze des § 1612a BGB.
Natürlich hängt der Lebensstandard des Unterhaltspflichtigen auch davon ab, wie vielen Personen er aus seinem Einkommen Unterhalt gewähren muss. Die Düsseldorfer Tabelle geht dabei von **zwei Personen** aus. Sind es mehr oder weniger, ist dies durch entsprechende Zu- oder Abschläge zu berücksichtigen (Teil A Anmerkung 1 zur Düsseldorfer Tabelle).
Bei einem Einkommen von über € 5.500 ist der Bedarf nicht mehr pauschaliert. Das Kind kann dann wählen, ob es sich mit dem Pauschalbetrag der 10. Einkommensstufe begnügt oder seinen Bedarf im Einzelnen konkret darlegen will.

266 **Beispiel** (zum Barbedarf minderjähriger Kinder):[1]
Walter lebt mit seiner Ehefrau und zwei ehelichen Kindern (2 und 3 Jahre) zusammen. Seine Ehefrau verfügt über kein Einkommen. Er verdient € 4.000 netto monatlich.
Walter ist außerdem Vater der 8-jährigen Lisa, mit deren Mutter er früher verheiratet war. Lisas Mutter schuldet er keinen Unterhalt. Was kann Lisa von ihm an monatlichem Unterhalt verlangen?

1 Die Beispiele gehen von den Bedarfssätzen der Düsseldorfer Tabelle vom 1. Januar 2019 und von den Kindergeldbeträgen ab dem 1. Juli 2019 aus.

Lisa hat nach § 1601 BGB Anspruch auf Unterhalt gegenüber beiden Eltern. Lisas Mutter erfüllt ihre Unterhaltspflicht durch die Betreuung und Erziehung (§ 1606 Abs. 3 S. 2 BGB). Daher ist ihr Walter alleine zum Barunterhalt verpflichtet.
Lisas Bedarf richtet sich nach ihrer Lebensstellung (§ 1610 BGB). An der Lebensstellung ihrer Mutter hat sie durch die Aufnahme in deren Haushalt Anteil. Der Barunterhaltsbedarf ist daher anhand der Lebensstellung von Walter zu bestimmen, die wiederum durch sein Einkommen und durch seine Unterhaltspflichten geprägt wird.
Walters Einkommen fällt in die Einkommensgruppe 7 der Düsseldorfer Tabelle. Da er jedoch insgesamt vier Personen (nämlich seiner Ehefrau und allen seinen drei Kindern) Unterhalt gewährt – in welcher Form ist belanglos – ist ein entsprechender Abschlag veranlasst. Lisas Bedarf ist daher der 5. Einkommensgruppe zu entnehmen. In der mittleren Altersklasse (6 bis 11 Jahre) beträgt er folglich € 488 monatlich.
Wegen § 1612b Abs. 1 BGB verringert sich dieser Betrag um das halbe Kindergeld (€ 102), das zur Bedarfsdeckung verwendet werden muss. Walter hat daher € 386 monatlich zu zahlen (s. auch 1. Tabelle im Anhang zur Düsseldorfer Tabelle).

Soweit die Düsseldorfer Tabelle auch Unterhaltsbedarfssätze für **volljährige Kinder** festsetzt, hat das eine andere Bedeutung. Hier gilt § 1606 Abs. 3 S. 2 BGB nicht. Ihnen haften *beide Eltern anteilig* für den dort genannten Bedarf. Dafür aber berechnet sich dieser nach dem *addierten* Einkommen *beider* Eltern, wobei keiner von ihnen mehr Unterhalt zahlen muss, als er zahlen müsste, wäre er alleine barunterhaltspflichtig. Das kann in eine recht komplizierte Rechnung münden. **267**
Pauschalierte Bedarfssätze setzen außerdem beim volljährigen Kind voraus, dass es zumindest noch im Haushalt eines Elternteils lebt. Hat es bereits eine selbständige Lebensstellung, kommt es auf das Einkommen der Eltern nicht mehr an. Sein Bedarf ist dann unabhängig hiervon mit € 735 anzunehmen (Teil A Anmerkung 7 Abs. 2 zur Düsseldorfer Tabelle).

📥 → Rechenbeispiel für Unterhaltsansprüche eines volljährigen Kindes.

3. Zusammentreffen von Ansprüchen. Wenn jemand mehreren Personen Unterhalt schuldet, ist das so lange kein Problem, wie er alle diese Ansprüche erfüllen kann, ohne seinen eigenen angemessen Bedarf dadurch zu gefährden. Die Ansprüche beeinflussen sich insofern wechselseitig, als sie die Lebensstel- **268**

lung des Berechtigten mit beeinflussen. Das ist für den Kindesunterhalt schon in dem Beispiel Rn. 266 gezeigt worden.

269 Aber auch der einem Ehegatten geschuldete Unterhalt kann von anderen Unterhaltsansprüchen beeinflusst werden, soweit sie sich auf die **ehelichen Lebensverhältnisse** auswirken. Der Kindern – oder einem früheren Ehegatten – schon während der Ehe geschuldete Unterhalt verringert ja das, den Ehegatten für ihre eigenen Bedürfnisse zur Verfügung stehende Einkommen.

270 **Beispiel:**
M, der über ein Nettoeinkommen von € 5.600 verfügt, ist nach langjähriger Ehe von F geschieden worden. Da F wegen einer chronischen Krankheit nicht arbeiten kann, schuldet er ihr Unterhalt nach Maßgabe der ehelichen Lebensverhältnisse, in Höhe von € 2.400 (= 3/7 seines Einkommens).
Später hat M wieder geheiratet und lebt nun auch von seiner zweiten Frau G getrennt. Wie viel Trennungsunterhalt kann G verlangen, unterstellt sie trifft keine Erwerbsobliegenheit?
Die Lebensverhältnisse der zweiten Ehe von M waren von vornherein durch die Unterhaltszahlungen an F geprägt. Der Bedarf von G beschränkt sich daher auf die Hälfte des verbleibenden Einkommens. Da der Erwerbstätigenbonus von 1/7 (= € 800) dem M ungeschmälert zustehen muss, versagt hier die 3/7-Rechnung: Es ist zu rechnen: ½ x (€ 5.600 – € 800 – € 2.400) = € 1.200.
Man beachte allerdings, dass das hier nur gilt, weil F nach § 1609 BGB der G im Rang vorgeht. Wäre das nicht der Fall, müssten sich nach § 1581 BGB alle drei Beteiligten angemessene Kürzungen gefallen lassen und man käme im Ergebnis zur **Drittelteilung**:
Nach Abzug seines Erwerbstätigenbonus müsste M dann sowohl an F als auch an G jeweils 1/3 von € 4.800 = € 1.600 zahlen.

→ Entscheidung Nr. 36

271 Ebenso beeinflussen Unterhaltszahlungen an Kinder die ehelichen Lebensverhältnisse, an volljährige wie minderjährige.
Irgendwann ist jedoch der Punkt erreicht, an dem der **Eigenbedarf** des Unterhaltspflichtigen nicht mehr gewahrt ist. Dann muss das Gesetz entscheiden, in welchem **Rangverhältnis** die Unterhaltsansprüche zueinander stehen. Hierzu trifft § 1609 BGB eine Regelung. Wenn der Schuldner nicht alle Unterhaltspflichten erfüllen kann, ohne seinen notwendigen Eigenbedarf zu gefährden, gilt die dort angegebene Rangfolge. Das volljährige studierende Kind (Rang

Nr. 4) erhält nichts, soweit nicht nach Befriedigung der Ansprüche der minderjährigen Kinder (Rang Nr. 1) und der sie betreuenden Mutter (Rang Nr. 2) etwas übrig ist. Es entsteht ein **Mangelfall**.
Freilich können die Berechtigten dann auch nur noch ihren **notwendigen Bedarf** geltend machen, Kinder also die in § 1612a BGB festgelegten Mindestbedarfssätze, Ehegatten das in Teil B Nr. 5 der Düsseldorfer Tabelle angegebene Existenzminimum.
Mehrere Gläubiger, die den gleichen Rang haben, müssen sich eine **anteilige Kürzung** ihrer Ansprüche gefallen lassen, wenn es nicht für alle von ihnen reicht.

Beispiel: **272**
X hat vier Kinder, den 3jährigen A, die 7jährige B, den 12jährigen C und den 20jährigen D, der bereits studiert. A, B und C leben bei ihrer Mutter E, von der X geschieden ist. X verdient als ungelernter Arbeiter € 2.400 netto im Monat. E geht einer (ihr allenfalls zumutbaren) Teilzeitbeschäftigung nach, bei der sie € 500 verdient.
Der Mindestbedarf der **erstrangig** berechtigten minderjährigen Kinder nach § 1612a BGB beträgt nach Abzug des hälftigen Kindergeldes (€ 374 bei C, € 301 bei B, € 236,50 bei A):
€ 374 (C) + € 301 (B) + € 236,50 (A) = € 911,50
Das kann X zahlen, ohne seinen notwendigen Eigenbedarf (hier: € 1.080, vgl. Teil A Anmerkung 5 der Düsseldorfer Tabelle) anzugreifen.
Es bleiben dann € 1.488,50 übrig. Das Existenzminimum der **zweitrangig** berechtigten E liegt nach Teil B Nr. V 1 der Düsseldorfer Tabelle bei € 1.080, wovon sie € 500 selbst verdient, so dass sie einen Mindestbedarf von € 580 hat. Den kann X nur noch in Höhe von € 288,50 erfüllen, ohne seinen notwendigen Eigenbedarf zu gefährden, der nach Teil B Nr. IV der Düsseldorfer Tabelle E gegenüber € 1.200 beträgt.
Für den erst im **vierten Rang** berechtigten D bleibt nichts übrig, denn mit nur noch € 1.200 restlichem Einkommen liegt X schon unterhalb des *angemessenen* Eigenbedarfs von € 1.300, den er D entgegenhalten kann (vgl. Teil A Anmerkung 5 der Düsseldorfer Tabelle).

→ Die Düsseldorfer Tabelle enthält in Teil C selbst ein Beispiel für die anteilige Kürzung von Ansprüchen mehrerer gleichrangig Berechtigter.

273 **4. Unterhaltsansprüche zwischen Eltern eines unehelichen Kindes.** Die **Mutter**, die mit dem Vater eines Kindes weder verheiratet ist, noch war, kann von diesem Unterhalt verlangen:

- während der Zeit des Mutterschutzes (§ 1615l Abs. 1 S. 1 BGB),
- wegen der Kosten der Schwangerschaft und der Entbindung (§ 1615l Abs. 1 S. 2 BGB),
- während der Zeit, zu der sie wegen einer durch Schwangerschaft oder Geburt verursachten Krankheit keiner Erwerbstätigkeit nachgehen kann (§ 1615l Abs. 2 S. 1 BGB),
- während der Zeit, in der von ihr wegen der Pflege oder Erziehung des Kindes keine Erwerbstätigkeit erwartet werden kann (§ 1615l Abs. 2 S. 2 BGB).

274 Der zuletzt genannte Anspruch steht dem **Vater** gegen die Mutter zu, wenn er es ist, der das Kind betreut (§ 1615l Abs. 4 S. 1 BGB).

275 Für die **Erwerbsobliegenheit** des betreuenden Elternteils übernimmt § 1615l Abs. 2 S. 3 und 4 BGB die Regelung, die auch für Betreuungsunterhalt nach § 1570 BGB gilt. Bis zum dritten Geburtstag des Kindes besteht keine, danach hängt es von den Umständen des Einzelfalls ab (s. Rn. 181).

276 Die Höhe des Unterhaltsanspruchs richtet sich nach §§ 1615l Abs. 4 S. 2, Abs. 3 S. 1, 1610 BGB nach der **Lebensstellung des Berechtigten**.
Das läuft darauf hinaus, ihn anhand des Einkommens zu bemessen, das der Berechtigte erzielen würde, **wäre er erwerbstätig**. Das Einkommen des Verpflichteten spielt nur insofern eine Rolle, als es den Unterhalt nach oben begrenzen kann, wobei die Einzelheiten hierzu ziemlich streitig sind.

→ Übersicht Nr. 12 zu Einzelheiten der Bemessung des Unterhalts in solchen Fällen.

7. Kapitel Eltern-Kind-Verhältnis im Allgemeinen

I. Name des Kindes

Wenn ein Kind geboren wird, müssen die Eltern ihm einen **Vornamen** geben. Außerdem erhält es einen Familiennamen als **Geburtsnamen**. **277**

Den Vornamen dürfen die Eltern in relativ großer Freiheit auswählen (s. dazu Rn. 309). **278**
Der Geburtsname kann dagegen nicht frei gewählt werden, sondern knüpft an den Namen der Eltern an. Er steht außerdem nicht für immer fest, sondern kann sich später durch verschiedene Ereignisse ändern. Diese nicht einfach zu durchschauenden Änderungsmöglichkeiten hängen wiederum davon ab, ob das Kind seinen Namen

- von einem **Ehenamen** oder
- von einem **sonstigen Familiennamen**

ableitet.

📥 → Übersicht Nr. 13 zum Geburtsnamen und seinen Änderungen

1. Originärer Geburtsname. Bei einem neugeborenen Kind kommen vier verschiedene Situationen in Frage: **279**

a) Situation des § 1616 BGB. Führen seine Eltern einen **gemeinsamen Ehenamen**, so wird dieser Ehename Geburtsname des Kindes (§ 1616 BGB) – und zwar *nur* der Ehename, auch wenn einer der Elternteile nach § 1355 Abs. 4 BGB einen Doppelnamen führt. Ist der *Ehename* dagegen ein Doppelname, erhält das Kind den *kompletten* Doppelnamen zum Geburtsnamen. **280**

b) Situation des § 1617 BGB. Führen die Eltern keinen gemeinsamen Ehenamen, steht ihnen aber **die elterliche Sorge gemeinsam** zu, so *bestimmen* sie gemeinsam den Geburtsnamen des Kindes. Sie können hierbei zwischen dem Familiennamen des Vaters und dem der Mutter wählen (§ 1617 Abs. 1 S. 1 BGB). **281**
§ 1617 Abs. 2 BGB regelt, was geschieht, wenn die Eltern die Bestimmung – aus welchem Grunde auch immer – **nicht vornehmen**.

282 Die einmal getroffene Wahl bindet die Eltern für ihre **weiteren gemeinsamen Kinder**, soweit bei deren Geburt das Wahlrecht des § 1617 Abs. 1 S. 1 BGB erneut besteht (§ 1617 Abs. 1 S. 3 BGB).
Die Namensbestimmung ist eine Erklärung, die die Eltern im **eigenen Namen** abgeben. Ob sie zur gesetzlichen Vertretung des Kindes berechtigt sind, ist daher irrelevant. Sie gehört demnach zur tatsächlichen Personensorge, so dass auch minderjährige Eltern sie nur selbst abgeben können (§ 1673 Abs. 2 S. 2 BGB).

283 Ein aus den Namen beider Eltern zusammengesetzter **Doppelname** kann dem Kind nicht erteilt werden. Die Eltern müssen sich für den Namen *eines* Elternteils entscheiden. Ist *das* ein Doppelname, kann das Kind ihn allerdings erhalten. Logisch ist das nicht.

284 **Beispiel:**
Frau Müller war mit Herrn Lüdenscheid verheiratet und führt aus dieser Ehe den Doppelnamen „Müller-Lüdenscheid“. Nun bekommen sie und Herr Dr. Klöbner zusammen ein Kind. Vaterschaftsanerkenntnis und Sorgeerklärung sind schon vor der Geburt wirksam erfolgt. Wie heißt das Kind?

285 Einen gemeinsamen Ehenamen führen die Eltern nicht, sind aber gemeinsam sorgeberechtigt (§ 1626a Abs. 2 Nr. 1 BGB). Es steht ihnen daher das Wahlrecht aus § 1617 Abs. 1 BGB zu. Wählbar sind die Namen „Klöbner“ und „Müller-Lüdenscheid“.
Wollte das Gesetz Doppelnamen bei Kindern *generell* verhindern, dürfte „Müller-Lüdenscheid“ nicht wählbar sein. § 1617 Abs. 1 BGB müsste dann eine § 1355 Abs. 4 S. 3 BGB nachgebildete Einschränkung enthalten. So aber *verhindert* das Gesetz nur einen Namen, der sich aus den Namen beider Eltern zusammensetzt und damit die wirklich vorhandene Beziehungen andeutet („Müller-Klöbner“), *erlaubt* aber einen, der die familiäre Beziehung zu einem Dritten (nämlich Herrn Lüdenscheid) vortäuscht.

286 **c) Situation des § 1617a BGB.** Führen die Eltern keinen gemeinsamen Ehenamen und steht die elterliche Sorge nur **einem von ihnen** zu, so erhält das Kind zunächst den Familiennamen des sorgeberechtigten Elternteils (§ 1617a Abs. 1 BGB). Fälle, in denen das der Vater ist, sind zwar denkbar, aber extrem selten. In der Regel erhält das Kind so den Namen der Mutter.

287 Der allein sorgeberechtigte Elternteil hat nun wiederum die **Option**, dem Kind den Namen des *anderen Elternteils* (also in der Regel: des Vaters) zu erteilen

(§ 1617a Abs. 2 BGB). Das erfordert die **Zustimmung** dieses Elternteils und ab seinem fünftem Geburtstag auch die Zustimmung des Kindes. Hierfür gilt das Altersstufenmodell aus Rn. 292.
Anders als das Wahlrecht des § 1617 BGB ist die Option **nicht befristet**. Sie **erlischt** aber, wenn die alleinige elterliche Sorge des namensgebenden Elternteils erlischt, also spätestens mit Volljährigkeit des Kindes. Die Option muss – auch anders als das Wahlrecht des § 1617 BGB – nicht für vollbürtige Geschwister einheitlich ausgeübt werden.

d) Andere Situationen. Das Gesetz regelt nicht, was geschieht, wenn die Eltern keinen gemeinsamen Ehenamen führen und die elterliche Sorge schon bei der Geburt des Kindes **keinem von ihnen** zusteht. Auch das ist durchaus möglich. Die elterliche Sorge kann beiden oder der nach § 1626a Abs. 3 BGB allein sorgeberechtigten Mutter schon vor der Geburt entzogen worden sein. Sie kann auch wegen Geschäftsunfähigkeit ruhen usw. **288**
Für diesen Fall kommt am ehesten die **analoge Anwendung** von § 1617 BGB in Frage, allerdings mit der Maßgabe, dass das Wahlrecht dem Kind zusteht, also von dessen Vormund ausgeübt werden kann (wobei es nach der h.M. wohl direkt dem Vormund zustehen soll). Hat das Kind vollbürtige Geschwister, erhält es analog § 1617 Abs. 1 S. 3 BGB deren Namen. Ein Kind, das gar keinen Vater hat, erhält analog § 1617a Abs. 1 BGB den Namen der Mutter.

→ Entscheidung Nr. 37

Bei einem **Findelkind** bestimmt nach § 24 Abs. 2 PStG die untere Verwaltungsbehörde den Geburtsnamen. Geändert werden kann dies – z. B. wenn das Kind später zugeordnet werden kann – wiederum nur auf Anweisung der unteren Verwaltungsbehörde (§ 26 PStG). **289**

2. Spätere Änderungen. Hat das Kind nach §§ 1616 bis 1617a BGB einen Geburtsnamen erhalten, steht dieser damit noch nicht unabänderlich fest. Er kann sich durch eine Reihe von Ereignissen nachträglich ändern: **290**

a) Nachträglicher Ehename (§ 1617c Abs. 1 BGB). Bestimmen die Eltern eines Kindes nachträglich einen Ehenamen, erstreckt sich dies auf das Kind: Es erhält nun den **Ehenamen** der Eltern zum Geburtsnamen. Wovon das Kind vorher den Namen abgeleitet hat, ist belanglos. **291**

Falls das mit einer **Namensänderung** verbunden ist, ist dafür jedoch eine Anschlusserklärung des Kindes notwendig, nachdem es das fünfte Lebensjahr vollendet hat (§ 1617c Abs. 1 S. 1 BGB). Hierfür gilt ein **Altersstufenmodell**: **292**

- Für das noch **nicht 14 Jahre** alte oder **geschäftsunfähige** Kind gibt der gesetzliche Vertreter des Kindes die Anschlusserklärung ab.
- Das mindestens 14 Jahre alte **beschränkt geschäftsfähige** Kind kann die Anschlusserklärung nur noch selbst abgeben, benötigt aber dazu die Zustimmung seines gesetzlichen Vertreters (§ 1617c Abs. 1 S. 2 BGB).
- Das **volljährige** geschäftsfähige Kind kann die Anschlusserklärung allein abgeben.

☞ Das Modell berücksichtigt das Persönlichkeitsinteresse des Kindes im praktischen Ergebnis in einer **vierfachen Abstufung**:
- Von 0 bis 4 Jahren geht das Interesse der Eltern an der Namenseinheit der Familie vor.
- Von 5 bis 13 Jahren obliegt es dem gesetzlichen Vertreter des Kindes, zu entscheiden, ob das Interesse des Kindes an Namenskontinuität größeres Gewicht hat.
- Von 14 bis 17 Jahren steht dem Kind die Entscheidung, dass sein Interesse an Namenskontinuität überwiegt, selbst zu, an einer Namensänderung muss aber der gesetzliche Vertreter noch mitwirken, weil es deren Folgen womöglich noch nicht übersieht.
- Ab 18 Jahren steht die Entscheidung allein dem Kind zu.

293 Die Anschlusserklärung ist **unbefristet** möglich, so lange zumindest ein Elternteil den Ehenamen noch führt. Danach läge kein „Anschluss" mehr vor.

294 **b) Nachträgliche gemeinsame Sorge (§ 1617b Abs. 1 BGB).** Erwerben die Eltern die gemeinsame elterliche Sorge, nachdem das Kind bereits einen Geburtsnamen erhalten hatte, so eröffnet ihnen das gemäß § 1617b Abs. 1 BGB nachträglich das **Wahlrecht** des § 1617 Abs. 1 BGB mit den dort vorgesehenen Optionen – einschließlich deren Einschränkung aus § 1617 Abs. 1 S. 3 BGB. Auch das ist nach dem Altersstufenmodell aus Rn. 292 nur mit **Anschlusserklärung** des Kindes wirksam, falls es bereits fünf Jahre alt ist.
Die Option ist auf **drei Monate** befristet, die Anschlusserklärung ist es auch hier nicht.

295 § 1617c Abs. 1 BGB geht § 1617b Abs. 1 BGB vor, wenn die Eltern gleichzeitig durch Eheschließung die gemeinsame Sorge erwerben (§ 1626a Abs. 1 Nr. 2 BGB) *und* einen Ehenamen bestimmen.

296 **c) Namensrechtliche Folgen von Statusänderungen (§ 1617b Abs. 2 BGB).** Wird die Vaterschaft **angefochten**, folgt aus § 1617b Abs. 2 BGB, dass das *keine* un-

mittelbaren Auswirkungen auf den Namen des Kindes hat. Hier wird lediglich eine Option eröffnet:
Das **Kind** kann beantragen, dass es den Namen erhält, den die Mutter zur Zeit seiner Geburt geführt hat, wenn das nicht ohnehin derselbe Name ist.
Der **Scheinvater** kann diesen Antrag ebenfalls stellen, aber nur, solange das Kind noch nicht fünf Jahre alt ist.
Für das Kind ist die Option **unbefristet**. Für die Ausübung der Option gilt das Altersstufenmodell aus Rn. 292.

Wird die Vaterschaft eines Kindes **festgestellt**, unterliegt das keinen besonderen Regeln. Es behält zunächst den Namen, den es seither geführt hat. Sind die Eltern inzwischen verheiratet, kann § 1617c Abs. 1 BGB oder § 1617b Abs. 1 BGB greifen. Andernfalls kann es für die Mutter die Option aus § 1617a Abs. 2 BGB eröffnen. **297**

Das Gesetz regelt nicht, wie sich ein **scheidungsakzessorisches Anerkenntnis** (§ 1599 Abs. 2 BGB) auf den Geburtsnamen des Kindes auswirkt. Es dürfte dafür aber kaum eine andere Lösung als die analoge Anwendung von § 1617b Abs. 2 BGB in Frage kommen. **298**

d) Einbenennung (§ 1618 BGB). Der mit einem Dritten verheiratete Elternteil und sein Ehegatte können dem Kind ihren **gemeinsamen Ehenamen** erteilen (substituierende Einbenennung, § 1618 S. 1 BGB) oder dem bisherigen Namen des Kindes voranstellen oder anfügen (additive Einbenennung, § 1618 S. 2 Hs. 1 BGB). Das soll die Zusammengehörigkeit der Stieffamilie nach außen dokumentieren und ist daher an zwei zusätzliche Voraussetzungen geknüpft: **299**

- Dem Elternteil, der das Kind einbenennt, muss die **elterliche Sorge** für das Kind zustehen. (Auch hier genügt die tatsächliche Personensorge.)
- Das Kind muss im gemeinsamen ehelichen Haushalt des einbenennenden Elternteils und seines Ehegatten leben.

Eine zweite additive Einbenennung überlagert die erste (§ 1618 S. 2 Hs. 2 BGB). Eine Begrenzung auf zwei Namensbestandteile – wie sie § 1355 Abs. 4 BGB enthält – fehlt aber. Ist der *Ehename* Doppelname, kann er dem Namen des Kindes daher nur vollständig vorangestellt oder angefügt werden und die additive Einbennung scheitert auch nicht daran, dass das Kind bereits aus anderen Gründen einen Doppelnamen führt.

Die Einbenennung erfordert die **Zustimmung** des anderen Elternteils, wenn dieser gleichfalls sorgeberechtigt ist oder das Kind seinen Namen trägt, diejenige des Kindes, wenn es zur Zeit der Einbenennung bereits fünf Jahre alt ist (§ 1618 S. 3 BGB). **300**

Die Zustimmung des **anderen Elternteils** kann vom Familiengericht ersetzt werden, wenn die Einbenennung zum Wohle des Kindes *erforderlich* ist (§ 1618 S. 4 BGB).
Für die Zustimmung des **Kindes** gilt auch hier das Altersstufenmodell aus Rn. 292.

301 **e) Weitergereichte Namensänderungen (§ 1617c Abs. 2 BGB).** Der Geburtsname des Kindes kann sich schließlich ändern, wenn sich der Name ändert, von dem er abgeleitet ist.

302 Ist das ein **Ehename**, gilt hierfür § 1617c Abs. 2 Nr. 1 BGB: Das Kind folgt der Änderung ohne weiteres, wenn es noch nicht fünf Jahre alt ist, sonst hängt das von seiner **Anschlusserklärung** ab, für die wieder das Altersstufenmodell aus § 1617c Abs. 1 BGB gilt (s. Rn. 292). Änderungen eines Ehenamens sind allerdings ausgesprochen selten. Sie können vorkommen, wenn der Ehegatte, dessen Geburtsnamen zum Ehenamen gewählt wurde, später einen anderen Geburtsnamen erhält (§§ 1617c Abs. 3, 1767 Abs. 3 S. 3 BGB).

> Es stellt keine Änderung des Ehenamens dar, wenn ein Ehegatte oder gar beide ihn nicht mehr führen, z.B. weil der eine seinen früheren Namen nach § 1355 Abs. 5 S. 2 BGB wieder annimmt und der andere einen Dritten heiratet.

303 Ist der Name des Kindes dagegen der **eines Elternteils**, so gilt § 1617c Abs. 2 Nr. 2 BGB:

- Änderungen durch **Bestimmung eines Ehenamens** haben keine Folgen (soweit nicht § 1617c Abs. 1 BGB greift).
- Änderungen durch **andere Ereignisse** (z.B. die Ausübung der Option nach § 1355 Abs. 5 S. 2 BGB) erstrecken sich dagegen auch auf den Geburtsnamen des Kindes. Ist es schon fünf Jahre alt, erfordert das auch hier wieder eine **Anschlusserklärung** des Kindes nach dem Altersstufenmodell aus Rn. 292.

304 Von § 1617c Abs. 2 BGB nicht erfasst wird der Fall, dass das Kind wegen Nichtausübung der Option aus § 1617b Abs. 2 BGB noch immer den *individuellen* **Namen des Scheinvaters** trägt. Hier ist ein Weiterreichen von Änderungen nicht sinnvoll, denn Rechtsbeziehungen zu dem Namensträger bestehen ja keine mehr. Dass das Kind seinen Namen noch trägt, ist überhaupt nur seinem Interesse an Namenskontinuität geschuldet.

3. Vorname. Das Recht der Vornamensgebung ist gesetzlich nicht geregelt. Es handelt sich um reines **Gewohnheitsrecht.** Es ist allerdings gegenüber früher durch obergerichtliche Entscheidungen stark liberalisiert worden. 305

a) Akt der tatsächlichen Personensorge. Auch die Bestimmung des Vornamens ist ein Akt der Personensorge. Sie steht daher demjenigen zu, der die Personensorge innehat und ausüben kann, ggf. also auch einem Vormund oder Pfleger. Bei gemeinsamer elterlicher Sorge bestimmen die Eltern den Vornamen gemeinsam. Können sie sich nicht einigen, kann jeder von ihnen einen Antrag nach § 1628 BGB stellen. 306
Weil es sich um tatsächliche Personensorge handelt, kann auch ein **minderjähriger Elternteil** an der Vornamensbestimmung teilnehmen (§ 1673 Abs. 2 S. 2 BGB).

Die **Frist** für die Bestimmung des Vornamens beträgt nach § 22 PStG einen Monat. Nicht geregelt ist, was geschieht, wenn die Eltern diese Frist verstreichen lassen. Im äußersten Fall muss das Familiengericht nach § 1666 Abs. 1 BGB eingreifen und entweder den Namen bestimmen oder den Eltern das Bestimmungsrecht entziehen und einen Pfleger bestellen. Das geht aber erst, wenn durch den fehlenden Namen das Kindeswohl gefährdet ist. Dazu muss es wohl alt genug sein, um die Bedeutung eines Vornamens zu erfassen. Verwenden die Eltern einen Vornamen und zeigen sie ihn nur dem Standesamt nicht an, kann der Standesbeamte nach § 69 PStG Zwangsgeld gegen sie verhängen. 307

b) Kindeswohl und Prüfungsrecht des Standesamtes. Wird ein Vorname bestimmt, der das Kindeswohl zu beeinträchtigen droht, ist das ohne weiteres **unwirksam.** Der Standesbeamte hat sich auch ohne Entscheidung des Familiengerichts zu weigern, den Namen einzutragen. Auch wenn er ihn eingetragen hat, kann die Unwirksamkeit mit einem Antrag auf Berichtigung des Geburtsregisters geltend gemacht werden. Ein Streit über die Unwirksamkeit der Namensbestimmung ist daher im personenstandsrechtlichen Aufsichtsverfahren nach §§ 49 ff. PStG auszutragen, *nicht* in einem Verfahren nach § 1666 Abs. 1 BGB. 308

Ob das Kindeswohl durch einen Vornamen beeinträchtigt ist, hängt davon ab, ob er seine **Persönlichkeitsentwicklung** negativ beeinflusst. Das kann vor allem aus folgenden Gründen der Fall sein: 309

- Aus der **Zahl der Vornamen** ergibt sich eine Gefährdung, wenn sie das Kind in seinem späteren Leben zu belasten droht. Diese Grenze wird von der Rechtsprechung bei etwa vier bis fünf Vornamen gezogen. Bei einer nachgewiesenen Familientradition können mehr Namen zulässig sein.

- Das Kind hat ein Recht auf Wahrung seiner **Geschlechtsidentität**. Deshalb darf ein Frauenname keinem Jungen, ein Männername keinem Mädchen gegeben werden. Geschlechtsneutrale Namen beeinträchtigen das Kindeswohl aber auch dann nicht, wenn das Kind keinen weiteren Vornamen hat. Ob und wenn ja, welches Geschlecht ein Vorname erkennen lässt, ist eine Frage der **Verkehrsauffassung** und des Kontextes, in dem das Kind aufwächst. So ist z. B. „Heike" ein friesischer Männername, wird im Süden Deutschlands aber als Frauenname begriffen. „Nicola" ist in Deutschland Frauenname, aber in Italien Männername und kann daher zusammen mit einem italienischen Familiennamen als Männername erkennbar sein. „Elisa" ist ein alttestamentarischer Männername, wird aber womöglich inzwischen vom allgemeinen Rechtsverkehr eher als Kurzform von „Elisabeth" und daher als Frauenname angesehen. Die Bestimmung von „Maria" zum *letzten* Vornamen eines Jungen entspricht alter christlicher Tradition und birgt daher keine Gefahr für die Geschlechtsidentität des Namensträgers.
- **Frei erfundene Namen** sind unproblematisch, wenn sie „Namensqualität" haben, also im Rechtsverkehr als Namen und nicht als reine Sachbezeichnungen verstanden werden. Dies ist im Einzelfall oft schwer zu beurteilen. „Borussia" soll unzulässig (AG Kassel StAZ 1997, 240), „Bavaria" dagegen zulässig (AG München StAZ 1981, 276) sein.
- Auch **Familiennamen** als Vornamen („Müller") beeinträchtigen das Kindeswohl nicht, wenn sie nicht als erster oder gar einziger Vorname gegeben werden. Den dadurch gegebenen Verwechslungsgefahren kann das Kind durch Verwendung nur im Zusammenhang mit einem anderen Vornamen ausweichen. Der BGH hat es auch ausdrücklich für zulässig erklärt, dass das Kind auf diese Weise mit dem Elternteil verbunden wird, dessen Familiennamen es nicht erhalten hat (BGH NJW 2008, 2500). Mit einem unzulässigen Doppelnamen könne das schon wegen des fehlenden Bindestrichs nicht verwechselt werden.
- Die Verwendung **literarischer Vorlagen** kann unter dem Gesichtspunkt ihrer Verkehrsgeltung erlaubt sein, wenn die Vorlage allgemein bekannt ist („Arwén"), sonst gilt dasselbe wie für frei erfundene Namen.
- In seiner Entwicklung behindert wird das Kind durch **lächerliche** oder mit **negativer Bedeutung** besetzte Namen wie „Verleihnix" oder „Störenfried". Auch Namen die eine politische Aussage enthalten, sind unter diesem Gesichtspunkt unzulässig. Eltern dürfen ihr Kind hierauf nicht festlegen.

→ Entscheidung Nr. 38

II. Weitere Wirkungen des Eltern-Kind-Verhältnisses

Nach der Generalklausel des § 1618a BGB schulden Eltern und Kinder einander **Beistand und Rücksicht**. **310**

Die Vorschrift wird über ihren Wortlaut hinaus in engen Grenzen auch auf das **Verhältnis zwischen Geschwistern** angewendet, soweit ihr Verhältnis zu den Eltern betroffen ist.

Aus der Norm folgt aber eine im Wesentlichen sittliche Pflicht zur wechselseitigen Rücksichtnahme, die sich nur in seltenen Ausnahmefällen zu einer echten, durchsetzbaren **Rechtspflicht** verdichten kann. Ein Beispiel dafür ist der Anspruch des Kindes gegen die Mutter auf Auskunft über den möglichen Vater (s. Rn. 244 f.).

→ Entscheidungen Nr. 39 und 40 für zwei weitere Anwendungsbeispiele

Auch **sittliche Pflichten** sind rechtlich nicht etwa ohne Bedeutung. Vor allem spielen sie im Schenkungsrecht eine Rolle. Schenkungen, mit denen einer sittlichen Pflicht entsprochen wird, können weder wegen groben Undanks widerrufen, noch wegen Verarmung des Schenkers (§ 534 BGB) oder wegen Nichtigkeit des Schenkungsvertrages (§ 814 BGB) zurückgefordert werden. Die Schenkungsverbote aus §§ 1641, 1804 BGB gelten für sie ebenfalls nicht. **311**

Die in § 1619 BGB geregelte **Dienstleistungspflicht**, die Kinder trifft, sofern sie von den Eltern unterhalten werden und in ihren Haushalt aufgenommen sind, kann in der Praxis vor allem wegen § 845 BGB eine Rolle spielen: Wird das Kind schuldhaft getötet, können Eltern wegen der entgangenen Dienste Schadensersatz verlangen, sofern das Kind zum Zeitpunkt seines Todes nach § 1619 BGB zu entsprechenden Dienstleistungen verpflichtet war. **312**

§ 1624 BGB bestimmt schließlich, dass **unentgeltliche Zuwendungen**, die Eltern ihren Kindern anlässlich der Verheiratung oder Verselbständigung machen, keine Schenkungen sind, sondern Ausstattung. **313**

Das schuldrechtliche Geschäft, das der Ausstattung zugrunde liegt unterfällt §§ 516 ff. BGB also nicht. Ein **Ausstattungsversprechen** ist formlos wirksam und begründet einen Anspruch auf die versprochene Ausstattung. Für die Mängelhaftung gilt nach § 1624 Abs. 2 BGB allerdings Schenkungsrecht, wobei die Haftungsbeschränkung aus § 521 BGB auch im Übrigen für anwendbar gehalten wird.

314 Nicht gesetzlich geregelt, aber allgemein anerkannt, ist die Existenz solcher **unbenannter Zuwendungen**, die zwar ohne (direkte) Gegenleistung vorgenommen werden, aber dennoch keine Schenkungen darstellen, auch unter Ehegatten.

Solchen Zuwendungen fehlt der Schenkungscharakter, weil sie dem Zweck dienen, die allgemeinen Pflichten des Empfängers aus dem familienrechtlichen Verhältnis zu bekräftigen und sie damit einen über die Mehrung des Vermögens des Empfängers hinausreichenden Zweck haben.

8. Kapitel **Elterliche Sorge**

I. Allgemeines

Die elterliche Sorge ist ein absolutes Recht der Eltern, dessen Verletzung durch einen Dritten Schadensersatzansprüche aus § 823 Abs. 1 BGB ebenso begründen kann wie Beseitigungs- und Unterlassungsansprüche analog § 1004 Abs. 1 BGB. Soweit dadurch zugleich eine Gefährdung des Kindeswohls abgewendet werden soll, geht § 1666 Abs. 4 BGB jedoch vor. **315**
Es ist ein **Pflichtrecht**, das den Eltern im Interesse und zum Wohl des Kindes eingeräumt ist. Sie haben es so auszuüben, wie das dem Kindeswohl entspricht. Was das Kindeswohl ist, orientiert sich allerdings wiederum an dessen Zugehörigkeit zur **Familie seiner Eltern**. Der Staat lässt der Familie Freiraum (Art. 6 Abs. 1 GG). Er greift in die elterliche Sorge nur ein, wenn das zur Abwehr von Gefahren für das Kind dringend geboten ist (Art. 6 Abs. 2 S. 2 GG). Solange diese Schwelle nicht überschritten ist, gehört die Unvollkommenheit seiner Eltern zum Lebensschicksal des Kindes, welches es hinzunehmen hat.

→ Entscheidung Nr. 41

§ 1626 Abs. 1 S. 2 BGB teilt die elterliche Sorge in **zwei große Bereiche** ein, nämlich **316**
- die Personensorge und
- die Vermögenssorge.

In jedem dieser Bereiche sind die Eltern außerdem dazu berufen, das Kind **gesetzlich zu vertreten** (§ 1629 Abs. 1 S. 1 BGB). Man teilt das Handeln der Eltern im Rahmen der elterlichen Sorge daher oft in **vier Quadranten** ein: **317**
- Akte der *tatsächlichen Personensorge* (Eltern verbieten dem Kind, abends wegzugehen),
- der *Vertretung in persönlichen Angelegenheiten* (Eltern stimmen namens des Kindes einer Veröffentlichung seines Bildes zu),
- der *tatsächlichen Vermögenssorge* (Eltern verwahren Wertsachen, die dem Kind gehören) und
- der *Vertretung in Vermögensangelegenheiten* (Eltern eröffnen im Namen des Kindes ein Bankkonto).

318 Eltern **haften dem Kind** für Schäden, die sie ihm durch die Ausübung der elterlichen Sorge zufügen. § 1664 Abs. 1 BGB, der die Haftung der Eltern auf die **eigenübliche Sorgfalt** beschränkt, ist – wie aus seinem Abs. 2 folgt – zugleich Anspruchsgrundlage.

Die Beschränkung auf den Haftungsmaßstab des § 277 BGB gilt auch für parallel erfüllte andere Anspruchsgrundlagen, insbesondere solche aus unerlaubter Handlung (§§ 823 ff. BGB). Das gilt allerdings nur, soweit die unerlaubte Handlung gerade *elterliche* Pflichten verletzt. Verletzt sie ausschließlich allgemeine Pflichten (z. B. die eines Kraftfahrzeugführers im Straßenverkehr), bleibt es auch bei dem dafür allgemein geltenden Verschuldensmaßstab, im Falle des § 823 Abs. 1 BGB genügt dann einfache Fahrlässigkeit.

II. Inhaber der elterlichen Sorge

319 Die elterliche Sorge steht gemäß §§ 1626 Abs. 1 S. 1, 1627 BGB *grundsätzlich* **den Eltern** gemeinsam zu. Wer das ist, bestimmt sich nach §§ 1591 ff. BGB, so dass es auf die biologische Abstammung nicht ankommt. Auch durch Adoption entsteht *elterliche* Sorge.

Steht niemandem die elterliche Sorge für ein Kind zu, ist kein Elternteil berechtigt, das Kind zu vertreten oder ist unbekannt, wer die Eltern sind, ist nach § 1773 ff. BGB für das Kind ein **Vormund** zu bestellen, dem die Personen- und Vermögenssorge im gleichen Umfang wie den Eltern zusteht (vgl. § 1793 Abs. 1 S. 1 BGB). Stehen Teile der elterlichen Sorge keinem Elternteil zu, ist hierfür ein **Ergänzungspfleger** zu bestellen (§ 1909 Abs. 1 S. 1 BGB).

320 Dass die Eltern im Allgemeinen gemeinsam sorgeberechtigt sein sollen, folgt schon aus Art. 6 Abs. 2 S. 1 GG. Der Staat greift in das **Elternrecht** ein, wenn er einem Elternteil die elterliche Sorge vorenthält. Dieser Eingriff muss entweder durch die Schranke des Art. 6 Abs. 2 S. 2 GG oder durch diejenige des Elternrechts des anderen Elternteils gedeckt sein.

Kein Eingriff in das Elternrecht stellt der Umstand dar, dass die elterliche Sorge eines Elternteils jeweils durch die elterliche Sorge des anderen Elternteils eingeschränkt wird. Das liegt vielmehr in der Natur der Sache. Die Staatsorgane haben daher auch das Recht, aus sachgerechten Gründen über die Verteilung der elterlichen Sorge **zwischen den Eltern** zu entscheiden. Die Eingriffsschwelle hierfür ist niedriger als dafür, ihnen insgesamt die elterliche Sorge vorzuenthalten.

1. Gemeinsame und alleinige elterliche Sorge. – a) eheliche/uneheliche Geburt. **321**
Wird das Kind **innerhalb einer Ehe** seiner Eltern geboren, steht den Eltern die elterliche Sorge von Geburt an **gemeinsam** zu.

Auch bei einem **außerhalb** einer solchen Ehe geborenen Kind können die Eltern nach §§ 1626a Abs. 1 Nr. 1, § 1626b Abs. 2 BGB **dasselbe Ergebnis** erzielen, indem sie eine Sorgeerklärung schon vor der Geburt des Kindes abgeben. Freilich setzt das voraus, dass auch die Vaterschaft schon vor der Geburt wirksam anerkannt wird, andernfalls geht die Sorgeerklärung ins Leere, da nur Eltern i. S. v. §§ 1591, 1592 BGB eine solche abgeben können. **322**
Sonst steht die elterliche Sorge beim außerehelich geborenen Kind nach § 1626a Abs. 3 BGB zunächst **der Mutter alleine** zu. Das gilt auch, wenn die Mutter bei der Geburt verheiratet ist, die Vaterschaft aber später erfolgreich angefochten wird. Die Anfechtung wirkt auf den Zeitpunkt der Geburt zurück. Die Mutter erhält durch die Anfechtung also *rückwirkend* die alleinige elterliche Sorge nach § 1626a Abs. 3 BGB.

Die alleinige Sorge der Mutter aus § 1626a Abs. 2 BGB geht ohne weiteres in **gemeinsame elterliche Sorge** über, wenn die Eltern später **323**
- eine Sorgeerklärung abgeben (§ 1626a Abs. 1 Nr. 1 BGB)
- einander heiraten (§ 1626a Abs. 1 Nr. 2 BGB) oder
- das Familiengericht sie auf beide Eltern überträgt (§ 1626a Abs. 1 Nr. 3 BGB).

Auch § 1626a Abs. 1 Nr. 2 BGB setzt voraus, dass die Mutter den *Vater* i. S. v. § 1592 BGB heiratet. Heirat nach der Geburt erspart den Eltern also zwar die Sorgeerklärung, nicht aber die Feststellung der Vaterschaft.

b) Sorgeerklärung. Die Sorgeerklärung ist eine von beiden Eltern gemeinsam abgegebene, **nicht empfangsbedürftige Willenserklärung**, die auf die Herstellung gemeinsamer elterliche Sorge gerichtet ist. Die Einzelheiten sind in §§ 1626b bis 1626e BGB geregelt: **324**
- Die Erklärung muss höchstpersönlich abgegeben werden (§ 1626c Abs. 1 BGB). Bei einem beschränkt geschäftsfähigen Elternteil ist die Zustimmung seines gesetzlichen Vertreters notwendig (§ 1626c Abs. 2 BGB).
- Alle notwendigen Erklärungen müssen öffentlich beurkundet werden (§ 1626d Abs. 1 BGB). Das kann beim Notar oder beim Jugendamt (§ 59 Abs. 1 Nr. 8 SGB VIII) geschehen.
- Sie ist bedingungsfeindlich (§ 1626b Abs. 1 BGB), kann aber schon vor der Geburt des Kindes abgegeben werden (§ 1626b Abs. 2 BGB). Ihre Wirkung tritt in diesem Falle erst mit der Geburt ein.
- Alle notwendigen Erklärungen sind, wenn sie formgerecht abgegeben wurden, ohne Rücksicht auf etwaige Willensmängel wirksam (§ 1626e BGB).

Wer durch Drohung oder arglistige Täuschung dazu gebracht wurde, eine Sorgeerklärung abzugeben, kann nur über einen Antrag nach § 1671 Abs. 1 BGB die alleinige Sorge wieder zurückerhalten. Trotz § 1626e BGB wird man allerdings annehmen müssen, dass die Sorgeerklärung eines Geschäftsunfähigen nichtig ist (sehr str.).

325 c) **Entscheidung des Familiengerichts.** Schließlich überträgt das Familiengericht den Eltern die gemeinsame Sorge für das außerehelich geborene Kind **auf Antrag eines Elternteils**, wenn es dem Kindeswohl nicht widerspricht (§ 1626a Abs. 2 BGB). Den Antrag kann auch die Mutter stellen. Anders als die Sorgeerklärung kann der Antrag auch nur einen Teil der elterlichen Sorge umfassen oder das Gericht kann ihm lediglich teilweise stattgeben.

326 Dass die gemeinsame Sorge dem **Wohl des Kindes** nicht widerspricht, wird zunächst vermutet (§ 1626 Abs. 2 S. 2 BGB). Wer sie ablehnt, muss daher entsprechende Gründe vortragen. Entscheidend ist letzten Endes, ob zwischen den Eltern eine tragfähige soziale Beziehung existiert oder voraussichtlich aufgebaut werden kann, die erwarten lässt, dass sie ihrer Elternverantwortung zum Wohle des Kindes gemeinsam nachkommen werden. Sie kommt nicht in Frage, wenn die Kommunikation zwischen den Eltern hierfür zu tiefgreifend gestört ist. Dafür liegt die Schwelle allerdings hoch.

→ Entscheidung Nr. 42

→ Übersicht Nr. 14 zur Begründung gemeinsamer elterlicher Sorge

327 2. **Übertragung der elterlichen Sorge bei Getrenntleben.** Wenn und solange Eltern – ob verheiratet oder nicht – getrennt leben, kann jeder von ihnen beantragen, dass das Familiengericht die elterliche Sorge auf ihn allein überträgt. Hierbei sind zwei unterschiedliche Konstellationen zu unterscheiden: § 1671 Abs. 1 BGB regelt die Übertragung der **gemeinsamen elterlichen Sorge** auf nur einen Elternteil, § 1671 Abs. 2 BGB die Übertragung der **Alleinsorge der Mutter** aus § 1626a Abs. 3 BGB auf den Vater.

328 Seit wann die Eltern **getrennt leben**, ist ohne Bedeutung. Anträge nach § 1671 BGB können jederzeit gestellt werden, auch wenn die Eltern nie zusammengelebt haben. Es kann ihnen nicht mehr stattgegeben werden, nachdem die Trennung beendet ist. Wird die Trennung erst nach Erlass der Entscheidung beendet, ist das dagegen nur noch unter den Voraussetzungen des § 1696 Abs. 1 S. 1 BGB von Bedeutung.

329 a) **Alleinübertragung der gemeinsamen Sorge (§ 1671 Abs. 1 BGB).** Die Übertragung nach § 1671 Abs. 1 S. 1 BGB setzt voraus, dass ihr *entweder* der andere Elternteil zustimmt (§ 1671 Abs. 1 S. 2 Nr. 1 BGB) *oder* dass sie dem Kindeswohl am besten entspricht (§ 1671 Abs. 1 S. 2 Nr. 2 BGB). Stimmt der Antragsgegner zu, wird das Kindeswohl also grundsätzlich nicht geprüft (zur Ausnahme: § 1671 Abs. 4 BGB, s. Rn. 339). Nur wenn das schon 14 Jahre alte Kind ihr widerspricht, genügt die Zustimmung des Antragsgegners nicht. Das ist kein Vetorecht, schließt die beantragte Übertragung also nicht aus, sie muss dann aber trotz der Haltung des Kindes dazu seinem Wohl am besten entsprechen. Ist das Kind schon 14 Jahre alt, muss es in dem Verfahren persönlich angehört werden (§ 159 Abs. 1 FamFG).

Die **Zustimmung** des Antragsgegners ist an keine Form gebunden. Das Gericht **330**
muss allerdings aufklären, ob sie vorliegt und ob sie dem freien Willen des Antragsgegners entspricht.
Sie kann bis zur Entscheidung des Gerichts **widerrufen** werden. Ist die Zustimmung erteilt, prüft das Gericht Kindeswohlgesichtspunkte grundsätzlich nicht mehr. Aus § 1671 Abs. 4 BGB folgt allerdings, dass es zur Prüfung, ob eine *Gefährdung* des Kindeswohls vorliegt und daher eine Maßnahme nach § 1666 Abs. 1 BGB in Betracht kommt – auch im Rahmen eines solchen Verfahrens berechtigt ist.

Ob die beantragte Übertragung dem **Wohl des Kindes** „am besten entspricht“, **331**
ist in einer zweistufigen Prüfung (doppelte Kindeswohlprüfung) festzustellen:

- Zunächst müssen die Voraussetzungen für eine weitere **gemeinsame Ausübung** der elterlichen Sorge, nämlich das dafür notwendige Mindestmaß an Verständigungsfähigkeit und Gemeinsamkeiten (s. Rn. 324), fehlen.
- Sodann ist unter Berücksichtigung aller Umstände des Falles abzuwägen, welcher Elternteil die Gewähr dafür bietet, die **Interessen des Kindes** besser zu verwirklichen, wozu
  - das Interesse des Kindes an der Aufrechterhaltung gewohnter Beziehungen und Lebensverhältnisse, vor allem auch seiner Bindungen (**Kontinuitätsinteresse**),
  - das Interesse des Kindes an möglichst effektiver Förderung seiner Anlagen (**Förderprinzip**) und
  - das Interesse des Kindes an der Berücksichtigung seiner Wünsche und Vorstellungen (**Selbstbestimmungsrecht**) gehören.

Welcher Elternteil hierfür die bessere Gewähr bietet, kann vor allem auch von der **Erziehungsfähigkeit** der Eltern abhängen.

→ Entscheidung Nr. 43

Keines der genannten Kriterien hat von vornherein Vorrang vor den anderen. **332**
Der **Wille des Kindes** ist mit zunehmender Reife bedeutsamer, da er dann Ausdruck von Autonomie sein kann, aber auch vorher ist er wichtig, weil er die Bindungen des Kindes widerspiegelt.

§ 1626 Abs. 3 BGB stellt klar, dass die Aufrechterhaltung des Kontaktes zu Bezugspersonen ein wichtiger Teil des Kindeswohles ist, weshalb zur Erziehungsfähigkeit auch die **Bindungstoleranz**, d. h. die Bereitschaft, Bindungen des Kindes zum anderen Elternteil und sonstigen Bezugspersonen zu dulden, gehört.

→ Entscheidung Nr. 44

333 **b) Übertragung der alleinigen Sorge (§ 1671 Abs. 2 BGB).** Steht der Mutter des außerehelich geborenen Kindes noch die alleinige Sorge aus § 1626a Abs. 3 BGB zu, kann der von ihr getrenntlebende Vater nach § 1671 Abs. 2 S. 1 BGB beantragen, dass die elterliche Sorge ihm ganz oder zum Teil allein übertragen wird.

Anträge nach § 1671 Abs. 2 S. 1 BGB und § 1626a Abs. 2 BGB schließen einander nicht aus. Oft wird es sogar sinnvoll sein, sie **beide** zu stellen. Nur für den Sonderfall, dass die Mutter in die Adoption des Kindes durch Fremde einwilligt, sieht § 1671 Abs. 3 BGB die Umdeutung eines Antrags nach § 1626a Abs. 2 BGB in einen nach § 1671 Abs. 2 S. 1 BGB vor.

334 § 1671 Abs. 2 S. 1 Nr. 1 BGB sieht eine lediglich **negative Kindeswohlprüfung** vor, wenn die Mutter dem Antrag des Vaters zustimmt, es sei denn, dass das schon 14 Jahre alte Kind der Übertragung widerspricht. Das Gericht prüft dann nur, ob es Anhaltspunkte dafür hat, dass die Übertragung das Kindeswohl beeinträchtigen würde. Gibt es dafür keine, hat der Antrag ohne weiteres Erfolg.

335 Anderenfalls erfolgt die Prüfung nach § 1671 Abs. 2 S. 2 Nr. 2 BGB auch hier in zwei Schritten: Zuerst muss festgestellt werden, dass die Voraussetzungen für die Herstellung **gemeinsamer elterlicher Sorge** fehlen. Hier genügt es allerdings schon, dass beide Eltern sie ablehnen, denn gegen den übereinstimmenden Willen beider Eltern sieht § 1626a BGB beim unehelichen Kind die Herstellung der gemeinsamen Sorge nun einmal nicht vor.

Im zweiten Schritt wird dann geprüft, ob die Übertragung auf den Vater **dem Kindeswohl am besten entspricht**. Das geschieht nach denselben Kritierien wie bei § 1671 Abs. 1 S. 2 Nr. 2 BGB (siehe oben Rn. 331).

336 **3. Abänderung der Übertragung (§ 1696 Abs. 1 S. 1 BGB).** Das Familiengericht kann jede Sorgerechtsentscheidung später wieder ändern, soweit dies aus triftigen, das Kindeswohl nachhaltig berührenden Gründen erforderlich ist (§ 1696 Abs. 1 BGB).

Damit kann jede *gerichtliche* Übertragung der elterlichen Sorge später rückgängig gemacht werden und zwar **von Amts wegen**. Ein erneuter Antrag eines Elternteils ist hierfür *nicht* erforderlich.

„Triftige, das Kindeswohl nachhaltig berührende Gründe" liegen vor, wenn die Situation sich so verändert hat, dass die **Vorteile**, die eine Abänderung für das Kindeswohl hat, die **Nachteile deutlich überwiegen**. Meist sind das Fälle, in denen sich die tatsächlichen Verhältnisse von der Entscheidung „wegentwickelt" haben und diese Entwicklung auch entsprechend gefestigt ist. Wenn zum Beispiel das Kind zunächst nach der Trennung bei der Mutter gelebt hat und dieser die elterliche Sorge allein übertragen wurde und das Kind nunmehr schon längere Zeit beim Vater lebt, ohne dass es eine Tendenz erkennen lässt, zur Mutter zurückkehren zu wollen, kann die Aufhebung der Übertragung angezeigt sein. **337**

→ Entscheidung Nr. 45

Der Abänderung nach § 1696 Abs. 1 S. 1 BGB unterliegen nicht: **338**
- die **Anordnung gemeinsamer Sorge** aufgrund von § 1626a Abs. 2 BGB; sie soll wie die anderen Fälle des § 1626a Abs. 1 BGB behandelt werden; ihre Abänderung folgt daher § 1671 Abs. 1 BGB (vgl. § 1696 Abs. 1 S. 2 BGB), d. h. sie erfordert zwar einen Antrag, dafür aber keine triftigen Gründe;
- alle **kinderschutzrechtlichen Maßnahmen**; sie sind nach § 1696 Abs. 2 BGB aufzuheben, wenn dies ohne (erneute) Gefahr für das Kindeswohl möglich ist; hierunter fallen Maßnahmen nach §§ 1632 Abs. 4, 1666 bis 1667, 1682 und 1684 Abs. 4 S. 2 BGB.

Der Abänderung nach § 1696 Abs. 1 S. 1 BGB unterliegen dagegen:
- Entscheidungen, durch die eine Sorgerechtsübertragung **abgelehnt** worden ist, und zwar auch im Falle des § 1626a Abs. 2 BGB;
- Abänderungsentscheidungen, die aufgrund von § 1696 Abs. 1 S. 1 BGB getroffen wurden, wobei die Gründe für die **erneute Abänderung** noch gravierender sein müssen, da mehrfache Abänderungen das Interesse des Kindes an Erziehungskontinuität nachhaltig stören.

Im Wege der Abänderung nach § 1696 Abs. 1 S. 1 BGB kann das Familiengericht die elterliche Sorge **beliebig verteilen**, auch einen Zustand herstellen, der vor der Ausgangsentscheidung nicht bestanden hat. War z. B. die Ausgangsentscheidung eine Übertragung der alleinigen elterlichen Sorge auf den Vater aufgrund von § 1671 Abs. 1 BGB, so kann das Familiengericht sie nicht nur dahin abändern, dass die elterliche Sorge wieder beiden Eltern gemeinsam zusteht, sondern auch dahin, dass sie nun der Mutter allein zustehen soll. **339**

4. Teilübertragungen. Die §§ 1626a Abs. 2, 1671 Abs. 1 und Abs. 2 BGB lassen außer der vollständigen, auch stets die nur teilweise Übertragung der elterlichen Sorge zu, falls es dies ist, was dem Kindeswohl am besten entspricht. Das kann **340**

nicht nur – als Minus zu dem gestellten Antrag – so entschieden, sondern auch schon so **beantragt** werden.
Wenn die Eltern wechselseitige Anträge auf Übertragung eines Teiles der elterlichen Sorge stellen und dem Antrag des jeweils anderen zustimmen, ist auch das nur darauf zu prüfen, ob es das Kindeswohl gefährdet (§ 1671 Abs. 2 Nr. 1, Abs. 4 BGB), falls nicht das schon 14 Jahre alte Kind einem der Anträge widerspricht.
Obwohl das in § 1696 Abs. 1 S. 1 BGB nicht ausdrücklich geregelt ist, ist auch für diese Norm klar, dass sie die nur **teilweise Abänderung** der Vorentscheidung zulässt.

341 Dagegen ist eine **partielle Sorgeerklärung** – mit entsprechender Wirkung – nicht möglich. Das war früher umstritten, ist aber nun recht eindeutig dem Wortlaut des § 1626a Abs. 1 BGB zu entnehmen (vgl. auch BT-Drucks. 17/11048 S. 30).

III. Gemeinsame Ausübung durch beide Eltern

342 § 1627 BGB geht von dem Grundsatz aus, dass die Eltern **Einvernehmen** zu erreichen haben. Zumindest ein Versuch, sich zu einigen, wird in jedem Falle verlangt. Verfahrensrechtlich wird das durch § 156 FamFG flankiert, wonach das auch in einem schon anhängigen Gerichtsverfahren noch gilt. Das Jugendamt ist nach § 17 SGB VIII zur Unterstützung der Eltern in deren Bemühen um einvernehmliche Lösungen in Konflikten verpflichtet.

343 Einigen sie sich nicht, ergeben sich die weiteren Folgen aus §§ 1628, 1687 BGB:

344 Leben die Eltern **zusammen**, so gilt ausschließlich § 1628 BGB, nämlich:
- In Angelegenheiten **von erheblicher Bedeutung** kann jeder Elternteil das Familiengericht anrufen, das nicht in der Sache selbst entscheidet, sondern einem Elternteil das Recht überträgt, die Entscheidung allein zu treffen.
- Bei allen anderen Angelegenheiten geht das Gesetz davon aus, dass bei intakter Elternbeziehung eine familieninterne Regelung letztlich gefunden werden wird.

345 Leben die Eltern **getrennt**, gilt für Angelegenheiten von erheblicher Bedeutung dasselbe (§ 1687 Abs. 1 S. 1 BGB). Außerdem aber kann
- der Elternteil, bei dem sich das Kind **gewöhnlich aufhält**, in allen Angelegenheiten des täglichen Lebens allein entscheiden (§ 1687 Abs. 1 S. 2 BGB),
- der Elternteil, bei dem sich das Kind **tatsächlich aufhält**, in allen Angelegenheiten der tatsächlichen Betreuung allein entscheiden (§ 1687 Abs. 1 S. 4 BGB).

Angelegenheiten des **täglichen Lebens** sind nach § 1687 Abs. 1 S. 3 BGB solche, 346
die voraussichtlich keine schwer abzuändernden Auswirkungen auf die Zukunft des Kindes haben werden.
Dies ist zugleich die negative Definition dafür, wann eine Angelegenheit eine von **erheblicher Bedeutung** i. S. v. §§ 1628, 1687 Abs. 1 S. 1 BGB ist. Entscheidend ist dafür ihr **weichenstellender Charakter**: Angelegenheiten, die die weitere Entwicklung des Kindes nachhaltig beeinflussen, sind von erheblicher Bedeutung. Fehlt dieser weichenstellende Charakter, ist § 1687 Abs. 1 S. 2 BGB einschlägig.
Angelegenheiten der **tatsächlichen Betreuung** i. S. v. § 1687 Abs. 1 S. 4 BGB sind all diejenigen, die nur den Zeitraum betreffen, in dem das Kind von dem Elternteil betreut wird, bei dem es sich derzeit aufhält.

Beispiel: 347
Die Eltern der zehnjährigen Marie können sich nicht darüber einigen, ob sie nach Abschluss der vierten Klasse auf ein staatliches Gymnasium oder die Freie Waldorfschule gehen soll. Außerdem können sie sich nicht darauf einigen, wie viele Freunde sie zu ihrem 11. Geburtstag einladen darf.

Der Schulbesuch hat **weichenstellenden Charakter**: Jeder Elternteil kann beim 348
Familiengericht einen Antrag stellen, ihm das Recht zur alleinigen Entscheidung zu übertragen (§ 1628 BGB). In der Frage der Größe der Geburtstagsfeier gilt dagegen: Leben die Eltern zusammen, müssen sie sich einigen (§ 1627 BGB), sonst fällt der Geburtstag aus – oder sie müssen die von Marie geschaffenen Fakten hinnehmen. Leben sie dagegen getrennt, kann das nach § 1687 Abs. 1 S. 4 BGB derjenige Elternteil bestimmen, bei dem der Geburtstag stattfindet, auch wenn das nicht der ist, bei dem Marie gewöhnlich lebt.

Das Gesetz geht unausgesprochen davon aus, dass sich das Kind, im Falle ge- 349
trenntlebender Eltern, bei einem von ihnen ständig oder überwiegend aufhalten wird. Praktizieren Eltern das sog. **Wechselmodell**, teilen sie sich die Betreuung des Kindes also gleichmäßig, ist § 1687 Abs. 1 S. 2 BGB unanwendbar. Jedem von ihnen stehen nur die Alleinentscheidungsrechte aus § 1687 Abs. 1 S. 4 BGB zu, sofern sie sich nicht wechselseitig zu weitergehenden Entscheidungen **ermächtigen**. Das ist immer möglich (s. auch Rn. 426).

Einigen sich Eltern auf das Wechselmodell, sollte möglichst in einer **schriftlichen Vereinbarung** festgelegt werden, welche Alleinentscheidungsrechte jedem Elternteil zustehen sollen.

350 § 1687 Abs. 1 S. 5 BGB hat hier nur deklaratorischen Charakter (s. aber Rn. 352). Nach § 1687 Abs. 2 BGB kann das Familiengericht die Alleinentscheidungsrechte aus § 1687 Abs. 1 S. 2 und S. 4 BGB einschränken oder ausschließen, soweit das für das Kindeswohl erforderlich ist.

→ Entscheidung Nr. 46

IV. Ausübung durch Dritte

351 Die elterliche Sorge ist nicht durch Rechtsgeschäft übertragbar. Sie kann aber durch Rechtsgeschäft einem Dritten **zur Ausübung überlassen** werden, sowohl in Teilaspekten als auch insgesamt.
Eine solche Überlassung ist, gleichgültig was dazu vereinbart wurde, für die Eltern **jederzeit frei widerruflich**. Zur Sorgerechtsausübung durch andere als Sorgeberechtigte trifft das Gesetz im Übrigen folgende Regelungen:

352 **1. Nicht sorgeberechtigte Eltern.** Für Eltern, denen die elterliche Sorge nicht zusteht, verweist § 1687a BGB auf § 1687 Abs. 1 S. 4 BGB. Das heißt, sie können in der Zeit, in der sich das Kind im Rahmen einer Umgangsregelung **tatsächlich bei ihnen aufhält**, in Angelegenheiten der tatsächlichen Betreuung (siehe dazu Rn. 346) entscheiden und das Kind insoweit auch vertreten. Das Familiengericht kann dieses Recht einschränken, wenn dies zum Wohl des Kindes erforderlich ist (§§ 1687a, 1687 Abs. 2 BGB).
§§ 1687a, 1687 Abs. 1 S. 5, 1629 Abs. 1 S. 4 BGB ist dahin zu lesen, dass ihnen während dieser Zeit außerdem **ein Notsorgerecht** zusteht. Sie können für das Kind alle Rechtshandlungen vornehmen, die nicht ohne die Gefahr eines Schadens aufgeschoben werden können, bis der andere Elternteil wieder erreichbar ist.

353 **2. Stiefeltern.** Nach § 1687b Abs. 1 S. 1 BGB erwächst dem **Ehegatten** eines alleinsorgeberechtigten Elternteils ein „Mitentscheidungsrecht" in Angelegenheiten des täglichen Lebens (§ 1687 Abs. 1 S. 3 BGB, s. dazu näher Rn. 346), sog. **kleines Sorgerecht**. Das ist ohne große praktische Bedeutung und gilt zudem nur, solange die Ehegatten nicht getrennt leben (§ 1687b Abs. 4 BGB). Auch das kleine Sorgerecht kann überdies vom Familiengericht eingeschränkt oder ausgeschlossen werden, soweit das für das Kindeswohl erforderlich ist (§ 1687b Abs. 3 BGB).
Auch solchen Stiefeltern steht jedoch ein **Notsorgerecht** zu (§ 1687b Abs. 2 BGB).

3. Pflegeeltern und Heime. Wenn das Kind über einen längeren Zeitraum in den Haushalt eines Dritten aufgenommen wird, ist dies ein **Pflegeverhältnis**. Welche Aspekte der elterlichen Sorge Pflegepersonen zur Ausübung zustehen, regelt § 1688 Abs. 1 BGB. Sie können für die Eltern 354

- in Angelegenheiten des täglichen Lebens (§ 1688 Abs. 1 S. 1 BGB, s. dazu näher Rn. 346) entscheiden und handeln,
- den Arbeitsverdienst des Kindes verwalten sowie Unterhalts-, Versicherungs-, Versorgungs- und andere Sozialleistungen für das Kind geltend machen (§§ 1688 Abs. 1 S. 2 BGB) und
- das **volle Notsorgerecht** ausüben (§§ 1688 Abs. 1 S. 3, 1629 Abs. 1 S. 4 BGB).

Das Recht, Sozialleistungen geltendzumachen, ist auf Geldleistungen beschränkt. Es schließt daher z. B. nicht das Recht ein, eine Hilfe zur Erziehung zu beantragen.

Dasselbe gilt nach § 1688 Abs. 2 BGB für die Betreuer in einer Einrichtung oder anderen betreuten Wohnform, in der das Kind eine **stationäre Hilfe des Jugendamtes** erhält. Dass das Jugendamt den Aufenthalt als stationäre Hilfe i. S. v. §§ 27, 35a SGB VIII finanziert, ist *nur* für Abs. 2, nicht für Abs. 1 Voraussetzung. 355
Den Eltern steht jederzeit das Recht zu, die sich aus § 1688 Abs. 1 oder Abs. 2 BGB ergebenden Befugnisse **einzuschränken**.

Über § 1688 Abs. 1 BGB noch deutlich hinaus geht § 1630 Abs. 3 BGB: Danach kann das Familiengericht auch Teile der elterlichen Sorge **auf Pflegeeltern übertragen**, wenn die Eltern dies beantragen oder einem entsprechenden Antrag der Pflegeeltern zustimmen. 356
Die Rechtsstellung, die Pflegeeltern hierdurch erlangen, entspricht derjenigen eines Pflegers i. S. v. § 1909 BGB: Die übertragenen Angelegenheiten stehen ihnen **aus eigenem Recht** zu. Soweit dieser Wirkungskreis reicht, erlangen sie daraus dieselben Rechte und Pflichten wie ein Vormund (§ 1915 Abs. 1 S. 1 BGB).
Die Übertragung erlischt entsprechend § 1918 Abs. 1 BGB, wenn die elterliche Sorge endet. Sie ist entsprechend § 1919 BGB aufzuheben, wenn das **Pflegeverhältnis beendet** wird. Richtigerweise ist ansonsten § 1696 Abs. 1 S. 1 BGB anzuwenden. Die h. M. geht allerdings davon aus, dass die Übertragung in jedem Falle aufzuheben ist, wenn die Eltern ihre Zustimmung zu ihr widerrufen (OLG Celle FamRZ 2011, 1664; Staudinger/*Peschel-Gutzeit* § 1630 BGB Rn. 59; MüKo.BGB/*Huber* § 1630 BGB Rn. 30).

V. Ruhen der elterlichen Sorge

357 Wenn die elterliche Sorge eines Elternteils ruht, verliert dieser sie dadurch nicht. Er verliert nach § 1675 BGB nur das Recht, **sie auszuüben**, insbesondere kann er das Kind nicht vertreten. Kann dies auch der andere Elternteil nicht, liegen die Voraussetzungen des § 1773 Abs. 1 Alt. 2 BGB für eine **Vormundschaft** vor.

358 **1. Gründe.** Es gibt insgesamt fünf verschiedene Gründe, aus denen die elterliche Sorge ruhen kann:

359 **a) Geschäftsunfähigkeit.** Die elterliche Sorge eines geschäftsunfähigen Elternteils ruht (§ 1673 Abs. 1 BGB).
Geschäftsunfähigkeit beurteilt sich auch hier grundsätzlich anhand der zu § 104 Nr. 2 BGB entwickelten Kriterien. Auch hier ist jedoch nicht auf die Fähigkeit zur freien Willensbildung im allgemeinen Rechtsverkehr abzustellen, sondern darauf, ob eine solche freie Willensbildung in Bezug auf **die Erziehung** und den Schutz des Kindes gegeben ist.
Geschäftsunfähigkeit führt **ohne weiteres** zum Ruhen der elterlichen Sorge. Eine gesonderte Feststellung ist nicht erforderlich. Ebenso führt Wiedererlangung der Geschäftsfähigkeit ohne weiteres dazu, dass das Ruhen der elterlichen Sorge endet.

360 **b) Minderjährigkeit.** Nach § 1673 Abs. 2 S. 1 BGB ruht auch die elterliche Sorge eines beschränkt geschäftsfähigen Elternteils. Aus § 1673 Abs. 2 S. 2 BGB folgt jedoch, dass sich das auf die Vermögenssorge und die gesetzliche Vertretung beschränkt. Zur Ausübung der **tatsächlichen Personensorge** bleiben minderjährige Eltern berechtigt.
Wegen des Ruhens der gesamten gesetzlichen Vertretung muss auch hier, falls nicht der andere Elternteil die elterliche Sorge uneingeschränkt ausüben kann, ein **Vormund** existieren (§ 1773 Abs. 1 Alt. 2 BGB). § 1673 Abs. 2 S. 3 BGB stellt klar, dass in Angelegenheiten der Personensorge Entscheidungen des minderjährigen Elternteils denen des Vormunds vorgehen. Der Vormund ist auch grundsätzlich verpflichtet, das Kind in dem Sinne zu vertreten, in dem der Elternteil eine Entscheidung getroffen hat, es sei denn, das Kind würde dadurch gefährdet.

361 Für Volljährige, die einem **Einwilligungsvorbehalt** (1903 BGB) unterworfen sind, gilt § 1673 Abs. 2 BGB nicht. Denn der Einwilligungsvorbehalt *bewirkt* keine beschränkte Geschäftsfähigkeit, sondern wird nur in vielerlei Hinsicht

entsprechend behandelt. Ist das Kindeswohl oder das Kindesvermögen durch den Zustand eines solchen Elternteils gefährdet, muss das Familiengericht Schutzmaßnahmen nach §§ 1666 bis 1667 BGB ergreifen, falls der Anlass für den Einwilligungsvorbehalt nicht zur Geschäftsunfähigkeit führt oder zur tatsächlichen Unfähigkeit, die Angelegenheiten des Kindes zu besorgen, so dass er eine Entscheidung nach § 1674 Abs. 1 BGB trägt.

c) gerichtlich festgestellte tatsächliche Verhinderung. Ist ein Elternteil an der **362**
Ausübung der elterlichen Sorge nur *tatsächlich* verhindert, so berührt das allein seine elterliche Sorge noch nicht. Dennoch ist es nicht ohne Rechtsfolgen: Der andere Elternteil kann die gemeinsame elterliche Sorge einstweilen kraft Gesetzes **allein ausüben** (§ 1678 Abs. 1 Hs. 1 Alt. 1 BGB). Ist auch dies nicht möglich, kann das **Familiengericht** unaufschiebbare Entscheidungen anstelle der Eltern selbst treffen (§ 1693 BGB) oder auch einen Ergänzungspfleger nach § 1909 Abs. 1 S. 1 BGB bestellen.

Ist die Verhinderung eines Elternteils von voraussichtlich längerer Dauer, muss **363**
das Familiengericht sie **durch Beschluss feststellen** (§ 1674 Abs. 1 BGB). Dies ist nur eine Feststellung der Tatsache, keine Entscheidung über die elterliche Sorge. Gesetzliche Folge der Feststellung ist aber, dass die elterliche Sorge des betreffenden Elternteils ruht. Das *tatsächliche* verwandelt sich in ein *rechtliches* Hindernis.

Eine **länger dauernde Verhinderung** kann es z. B. darstellen, wenn **364**
- ein Elternteil sich an einem unbekannten Ort im Ausland aufhält,
- sein Aufenthaltsort zwar bekannt ist, die Kommunikationsmöglichkeiten aber stark eingeschränkt sind,
- ein Elternteil längere Zeit in Strafhaft oder in geschlossener Unterbringung verbringt oder
- eine Krankheit oder Behinderung die Ausübung der elterlichen Sorge verhindert.

Die Abschiebung der Eltern bzw. das Verbot, ins Inland einzureisen, begründet eine dauernde Verhinderung der Eltern, wenn das Kind nicht seinerseits abgeschoben werden kann.

→ Entscheidung Nr. 47

Keine Verhinderung i. S. v. § 1674 Abs. 1 BGB stellt es dar, wenn den Eltern das **365**
Kind **tatsächlich vorenthalten** wird, da ihnen nicht durch einen Beschluss ohne Prüfung von Kindeswohlgründen das Recht entzogen werden darf, sich um die Wiedererlangung des Kindes zu bemühen. Aus demselben Grund ist auch der unbekannte Aufenthalt des *Kindes* kein Fall von § 1674 Abs. 1 BGB. Die Unfähigkeit, sich *sachgerecht* um die Maßnahmen des Kindes zu kümmern, genügt

auch nicht für eine Feststellung nach § 1674 Abs. 1 BGB. Eine Bewertung der Erziehungs- oder Betreuungsleistung darf in dem – dem Rechtspfleger übertragenen – Verfahren nicht vorgenommen werden.

366 Endet die durch Beschluss festgestellte Verhinderung des Elternteils, so bedeutet *dies allein* noch nicht die Wiederherstellung des früheren Rechtszustandes. Denn das Ruhen der elterlichen Sorge endet damit noch nicht. Erst wenn das Familiengericht durch einen **neuerlichen Beschluss** (§ 1674 Abs. 2 BGB) das Ende der Verhinderung *feststellt*, ruht die elterliche Sorge nicht mehr.
Auch hier ist ein Entscheidungsspielraum nicht gegeben. Die Abhängigkeit des Ruhens von Feststellungsentscheidungen soll nur für Rechtssicherheit sorgen.

→ Übersicht Nr. 15 zu verschwundenen Eltern

367 **d) Anonyme Geburt.** Nach § 1674a S. 1 BGB ruht die elterliche Sorge der Mutter, die ein Kind im Rahmen des durch § 25 ff. SchKG geregelten Verfahrens vertraulich zur Welt bringt. Das Kind erhält einen Vormund, was wegen § 1773 Abs. 2 BGB aber auch so wäre, würde die elterliche Sorge der Mutter nicht ruhen. Da die Personalien der Mutter nicht bekannt sind, kann nicht festgestellt werden, ob auch die Voraussetzungen von § 1773 Abs. 1 BGB vorliegen, denn es steht ja nicht fest, ob sie verheiratet ist. Insofern ist § 1674a S. 1 BGB eine ziemlich sinnlose Regelung. Immerhin aber stellt § 1674a S. 2 BGB klar, dass es sich die Mutter jederzeit anders überlegen kann, so lange das Kind von niemandem adoptiert worden ist. Klärt sie ihre Identität auf, endet das Ruhen ihrer elterlichen Sorge.

368 Die **vertrauliche Geburt** wird durch § 26 SchKG näher geregelt: Die Klinik, in der sie durchgeführt wird, ist verpflichtet, die Personalien der Mutter festzuhalten. Sie werden aber grundsätzlich geheimgehalten. Lediglich das Kind selbst hat ab dem 16. Geburtstag das Recht in die Einsichtnahme dieser Unterlagen, falls die Mutter dem nicht widersprochen hat. In diesem Falle entscheidet das Familiengericht darüber, ob die Geheimhaltungsinteressen der Mutter das Interesse des Kindes an der Kenntnis seiner Herkunft überwiegen (siehe § 32 SchKG).

369 **e) Einwilligung in die Fremdadoption.** Schließlich ruht die elterliche Sorge des Elternteils, der in eine Adoption des Kindes eingewilligt hat oder dessen Einwilligung in die Adoption nach § 1748 BGB ersetzt worden ist (§ 1751 Abs. 1 S. 1 BGB), es sei denn, es soll sich nur um die ergänzende Adoption durch den Ehegatten des Einwilligenden handeln (§ 1751 Abs. 2 BGB).

Das Ruhen der elterlichen Sorge endet nicht, wenn die Einwilligung nach § 1750 Abs. 4 BGB **kraftlos** wird. Vielmehr hat in einem solchen Fall das Familiengericht darüber zu entscheiden, ob es dem Elternteil die elterliche Sorge wieder zurücküberträgt (§ 1750 Abs. 3 BGB). Tut es dies nicht, bleibt es dabei, dass die elterliche Sorge ruht.

2. Ausübung der elterlichen Sorge durch den anderen Elternteil. Wenn ein Elternteil die elterliche Sorge nicht ausüben kann, weil sie ruht, wirft das die Frage auf, ob das der andere kann. **370**
Das ist für den Fall **gemeinsamer elterliche Sorge** in der Tat so geregelt: Ruht sie bei nur einem Elternteil, kann sie der andere derweil allein ausüben (§ 1678 Abs. 1 Hs. 1 Alt. 2 BGB). Das ist bei § 1674a S. 1 BGB freilich illusorisch.

Das Ruhen der **alleinigen elterlichen Sorge** hat dagegen keine kraft Gesetzes eintretende Zuständigkeit des anderen Elternteils zur Folge (§ 1678 Abs. 1 Hs. 2 BGB). Sie ist vielmehr von Amts wegen auf den anderen Elternteil zu **übertragen**, wenn keine (konkrete) Aussicht auf Beendigung des Ruhens der elterlichen Sorge vor Eintritt der Volljährigkeit besteht und wenn die Übertragung dem Kindeswohl nicht widerspricht. **371**

Da die ruhende elterliche Sorge noch besteht, kommen daneben auch noch immer Übertragungen nach § 1626a Abs. 2 BGB oder § 1696 Abs. 1 S. 1 BGB in Frage, wenn die dort genannten Voraussetzungen gegeben sind. **372**

3. Gesetzliche Amtsvormundschaft. In den Fällen des § 1673 BGB, vor allem bei § 1673 Abs. 2 BGB, wird das Kind häufig außerehelich geboren werden und die alleinige elterliche Sorge der Mutter schon **zur Zeit der Geburt** ruhen. Dann tritt nach § 1791c Abs. 1 S. 1 BGB gesetzliche Amtsvormundschaft des Jugendamtes ein, ohne dass das Familiengericht tätig werden muss. Auf diese Weise ist das Kind von Geburt an gesetzlich vertreten. **373**
Dasselbe kann bei **Einwilligung in die Adoption** des Kindes geschehen (§ 1751 Abs. 1 S. 2 BGB).

VI. Beginn und Ende der elterlichen Sorge

1. Beginn. Der Beginn der elterlichen Sorge wird durch § 1912 Abs. 2 BGB **vorverlagert**: Soweit für das Kind schon vor seiner Geburt Rechtsfürsorge nötig und möglich ist, sind seine Eltern in gleichem Umfang dazu berufen, wie sie es wären, wenn das Kind schon geboren wäre. Soweit die Eltern es nicht wären, **374**

kann auch dem ungeborenen Kind schon ein Pfleger bestellt werden (§ 1912 Abs. 1 BGB).

375 **2. Beendigung.** Die elterliche Sorge endet ganz, wenn **das Kind volljährig wird** oder **stirbt**. Im letzteren Falle steht den Eltern nach § 1698b BGB das Recht zu, dringende Geschäfte im Namen des Kindes noch so lange vorzunehmen, bis sein Erbe in der Lage ist, sich darum zu kümmern. Das werden freilich meistens die Eltern selbst sein.

376 **3. Verlust.** Die elterliche Sorge **eines Elternteils** endet, wenn dieser stirbt. Damit ist aber das Fürsorgebedürfnis für das Kind nicht beendet. Das Gesetz muss daher eine Regelung dazu treffen, was weiter zu geschehen hat. Das hängt davon ab, ob den Eltern das Sorgerecht gemeinsam oder dem verstorbenen Elternteil alleine zustand:

- Die **gemeinsame Sorge** wandelt sich durch den Tod eines Elternteils ohne weiteres zur alleinigen Sorge des überlebenden (§ 1680 Abs. 1 BGB).
- Stirbt der **allein sorgeberechtigte** Elternteil, überträgt das Familiengericht die elterliche Sorge von Amts wegen auf den anderen Elternteil, soweit dies dem Kindeswohl nicht widerspricht (§ 1680 Abs. 2 BGB).

377 Die elterliche Sorge endet außerdem bei einem Elternteil, der (zu Unrecht) **für tot erklärt** wird (§ 1677 BGB). Das soll der Unsicherheit vorbeugen, die dadurch entstehen kann, dass die amtliche Todeserklärung nur eine Vermutung für den Tod zu dem betreffenden Zeitpunkt begründet (§ 9 Abs. 1 Verschollenheitsgesetz). Für die weiteren Folgen verweist § 1681 Abs. 1 BGB auf § 1680 Abs. 1, Abs. 2 BGB.

378 Taucht der Verschollene wieder auf, ist **auf seinen Antrag** seine elterliche Sorge in genau dem Umfang wiederherzustellen, wie sie zum Zeitpunkt der Todeserklärung bestand (also ggf. auch unter Aufhebung einer zwischenzeitlich erfolgten Übertragung auf den anderen Elternteil), soweit dies dem Kindeswohl nicht widerspricht (§ 1681 Abs. 2 BGB). Sie bleibt aber erloschen, wenn er einen solchen Antrag nicht stellt.

379 Auch der **Entzug der elterlichen Sorge** (§ 1666 Abs. 3 Nr. 6 BGB) wird als Fall begriffen, in dem sie endet. Dieser Fall wird in Rn. 446 ff. im Zusammenhang mit den anderen Schutzmaßnahmen des Familiengerichts behandelt.

VII. Personensorge (§§ 1631 bis 1632 BGB)

Die Sorge für die **Person des Kindes** ist grundsätzlich umfassend. Es gibt nur 380
wenige Angelegenheiten, die selbst Eltern für ihre Kinder nicht entscheiden können, da das ja dann bedeutet, dass das niemand kann, sofern das Kind es nicht ausnahmsweise schon selbst kann.
Ein Beispiel für eine solche **Teilmündigkeit** liefert § 5 RKEG: Sein religiöses Bekenntnis kann ein Kind ab dem 14. Geburtstag nur noch selbst wählen. Ab dem 12. Geburtstag kann es ohne seine Zustimmung nicht mehr geändert werden. Vereinzelt wird auch aus Grundrechten auf eine Teilmündigkeit geschlossen, so z. B. aus Art. 9 GG auf das Recht eines in einem Arbeitsverhältnis stehenden Kindes, allein über den Beitritt zu einer Gewerkschaft zu entscheiden. Für andere Grundrechte (z. B. aus Art. 10 GG) ist das sehr umstritten.
Ein Beispiel für Angelegenheiten, die für ein Kind **gar nicht** besorgt werden können, bildet die Sterilisation (§ 1631c BGB). Niemand kann wirksam in sie einwilligen.

Die **Aufzählung** der zur Personensorge gehörenden Bereiche in § 1631 Abs. 1 381
BGB ist nicht abschließend. Genannt werden dort: Pflege, Erziehung, Aufsicht und Aufenthaltsbestimmung.

1. **Pflege.** Unter Pflege versteht man die Versorgung des Kindes mit dem un- 382
mittelbar Lebensnotwendigen: Nahrung, Kleidung, persönliche Zuwendung. Hierher gehört auch die **medizinische Versorgung** des Kindes. Eltern sind dazu verpflichtet und grundsätzlich auch berechtigt, das Kind ärztlich behandeln zu lassen. Gegenstand erheblichen Streits ist hier, welche Kompetenzen **dem Kind selbst** bereits zustehen.

Die wirksame Einwilligung des Patienten in seine medizinische Behandlung 383
durch den Arzt setzt keine volle Geschäftsfähigkeit, sondern nur die **Einwilligungsfähigkeit** des Patienten voraus (vgl. § 630d Abs. 1 S. 2 BGB). Das ist die Fähigkeit, die Chancen, Risiken und Nebenwirkungen der anstehenden Behandlung zu erkennen und aufgrund dieser Erkenntnis eine vernünftige Entscheidung über die Behandlung zu treffen. Sie ist bei Kindern vom **individuellen Reifegrad** abhängig. Für einfache und ungefährliche Behandlungen ohne Auswirkungen auf die fernere Zukunft kann sie früher gegeben sein als für andere. Eine konkrete Altersgrenze, auch nur Faustregeln hierzu, erkennt die Rechtsprechung dafür aber nicht an.

→ Entscheidung Nr. 48

384 Ist das Kind **einwilligungsfähig**, darf keine Behandlung mehr *ohne* seine eigene Einwilligung stattfinden. Die Eltern können dann nicht mehr wirksam in seinem Namen einwilligen.
Will das einwilligungsfähige Kind einer Behandlung zustimmen, **widersetzen sich aber die Eltern** der Behandlung, so kann zwischen Arzt und Kind allerdings kein wirksamer Dienstvertrag zustande kommen.

385 Ist das Kind **nicht einwilligungsfähig**, ist die Einwilligung der Eltern jedenfalls erforderlich (§ 630d Abs. 1 S. 2 BGB). Ob die des Kindes zusätzlich erforderlich ist, will die Rechtsprechung wiederum von seiner Reife abhängig machen, ohne volle Einwilligungsfähigkeit zu verlangen. Das ist an sich wenig logisch. Dafür spricht allerdings, dass die Eltern bei ihrer Entscheidung nicht frei sind, sondern sich im Rahmen der durch § 1666 Abs. 1 BGB gezogenen Grenze bewegen. Bei einem Kind, das eine gewisse Verstandesreife erreicht hat, kann der Umstand, dass es *gegen* seinen eigenen Willen behandelt werden müsste, eine Gefährdung darstellen. Das ist aber eine Frage der konkreten Folgen einer solchen Zwangsbehandlung für das Kind im Einzelfall. Vor allem darf die Behandlung nicht schlechterdings medizinisch notwendig sein, andernfalls diese Gefahr jedenfalls die geringere ist. Der BGH beschränkt dieses Vetorecht des Kindes daher auch auf nur “relativ indizierte” Behandlungen.

→ Entscheidung Nr. 49

386 Erkennt der Arzt, dass die Eltern des einwilligungsunfähigen Kindes die Einwilligung in die Behandlung **pflichtwidrig verweigern**, muss er sich grundsätzlich an das Familiengericht wenden. Ist das Familiengericht aber nicht rechtzeitig erreichbar, darf er das Kind gegen den Willen der Eltern behandeln. Über dieses Ergebnis herrscht Einigkeit, über die Begründung nicht. M.E. handelt es sich hier um einen Fall des **offenkundigen Missbrauchs** der elterlichen Vertretungsmacht, der die Entscheidung der Eltern unwirksam macht. Mangels eines anderen, rechtzeitig erreichbaren und zur Entscheidung berufenen Vertreters des Kindes ist der Arzt dann durch dessen mutmaßliche Einwilligung i. S. v. § 630d Abs. 1 S. 4 BGB gerechtfertigt.

387 Im Prinzip gilt das für alle medizinischen Behandlungen. Einige wollen den **Schwangerschaftsabbruch** anders behandeln. Dafür besteht jedoch kein Anlass, denn im Eltern-Kind-Verhältnis erschöpft sich auch dessen Bedeutung in dem Eingriff in den Körper des schwangeren Kindes. Die Rechte des ungeborenen Kindes der Schwangeren werden durch den Gesetzgeber, nicht durch die Eltern der Schwangeren wahrgenommen.

Unter welchen Voraussetzungen an einer Minderjährigen ein medizinisch oder kriminologisch **indizierter Schwangerschaftsabbruch** vorgenommen werden darf, bestimmt sich daher nach den auch sonst für medizinische Behandlungen geltenden Regeln.
Ein Schwangerschaftsabbruch nach der **Beratungslösung** kommt m.E. nur in Betracht, wenn die Schwangere einwilligungsfähig ist. Denn nur die Schwangere kann sich in dem Gewissenskonflikt befinden, den das Gesetz zum Anlass nimmt, die Tötung des Kindes ohne Indikation trotz Rechtswidrigkeit straffrei zu lassen. Eine Beratung der Eltern kommt folglich nicht in Betracht, denn sie ginge an den falschen Adressaten. Die Eltern der Schwangeren können mangels des vom Gesetz vorausgesetzten Konfliktes nicht wirksam einwilligen, die Schwangere kann es nicht, weil sie einwilligungsunfähig ist.

Für einige Bereiche existieren Spezialgesetze, so z. B. für **klinische Medikamen- 388**
tenversuche an Minderjährigen (§§ 40 f. AMG) und für die **Lebendorganspende** durch Minderjährige (siehe §§ 8, 8a Transplantationsgesetz).
Ausdrücklich gesetzlich geregelt ist in § 1631d BGB ferner die **Beschneidung von kleinen Jungen** aus anderen als medizinischen Gründen, freilich ohne bedeutsamen sachlichen Unterschied zu der Rechtslage bei anderen Behandlungen.
Die **Beschneidung von Mädchen** ist – ebenso wie die erwachsener Frauen – verboten (vgl. § 226a StGB), falls es sich nicht lediglich um rein ästhetische Veränderungen ohne Gewicht handelt (vgl. BT-Drucks. 17/13707 S. 7). Eine wirksame Einwilligung ist wegen § 228 StGB ausgeschlosssen (BT-Drucks. 17/13707 S. 8).

2. Erziehung. Unter Erziehung versteht man die Sorge für die sittliche, geistige **389**
und körperliche Entwicklung des Kindes. Das Erziehungsrecht ist „natürliches" Recht der Eltern (Art. 6 Abs. 2 S. 1 GG). Das Gesetz hält sich daher mit Vorgaben zu Erziehungszielen und Erziehungsmethoden zu Recht zurück. §§ 1626 Abs. 2, 1631 Abs. 2, 1631a BGB enthalten einige Vorgaben:

§ 1626 Abs. 2 BGB schreibt den Eltern vor, bei der Erziehung die **wachsende 390**
Selbständigkeit des Kindes zu berücksichtigen und wichtige Angelegenheiten mit ihm zu besprechen. Nach § 1631a BGB sollen sie bei der Wahl eines Berufs- oder Ausbildungsplatzes auf die Neigungen des Kindes Rücksicht nehmen und den Rat erfahrener Dritter einholen. § 1631 Abs. 2 S. 1 BGB schreibt außerdem vor, dass die Erziehung **gewaltfrei** zu sein habe.

Die **familienrechtliche Reichweite** dieser Normen ist allerdings begrenzt. Denn **391**
solange das Wohl des Kindes nicht in dem in § 1666 Abs. 1 BGB beschriebenen Maß gefährdet wird, ist ein Eingreifen des Familiengerichts gegen das elter-

liche Handeln auch dann nicht möglich, wenn die Eltern sich nicht an diese Vorgaben halten. Allenfalls kann das Familiengericht den Eltern seine **Unterstützung verweigern**, wenn sie einen Antrag nach § 1631 Abs. 3 BGB unter Missachtung der genannten Grundsätze stellen.

§§ 1626 Abs. 2 und 3, 1631 Abs. 2 S. 1, 1631a BGB taugen nicht als Rechtsgrundlage für Ansprüche oder andere Rechte. Sie können nur im Rahmen der Ausfüllung unbestimmter Rechtsbegriffe, vor allem dem des **Kindeswohls** von Bedeutung sein und sind auch nur in einem solchen Zusammenhang zu zitieren.

392 Eine konkrete Vorgabe enthält dagegen § 1631 Abs. 2 S. 2 BGB: Entwürdigende Erziehungsmaßnahmen, zu denen **körperliche Bestrafungen** zählen, sind verboten. Eltern, die ihr Kind schlagen, machen sich strafbar (§ 223 StGB), auch wenn die Schwelle zur Misshandlung von Schutzbefohlenen (§ 225 StGB) nicht überschritten ist, und schulden dem Kind Schadensersatz inklusive eines Schmerzensgeldes sowohl aus § 823 Abs. 1 BGB als auch aus § 1664 Abs. 1 BGB. Nicht so richtig klar ist allerdings, was außer körperlichen Bestrafungen noch als „entwürdigend" zu gelten hat und inwiefern auch hierfür Sanktionen außerhalb des Familienrechts drohen.
Direkte **Eingriffe des Familiengerichts** zum Schutz des Kindes setzen aber auch bei Verstößen gegen § 1631 Abs. 2 S. 2 BGB eine Gefährdung des Kindeswohls i. S. v. § 1666 Abs. 1 BGB voraus. Hierfür bildet ein einmaliger Verstoß gegen das Züchtigungsverbot allenfalls ein gewisses Indiz. Bei regelmäßigen Verstößen wird meist eine bestehen.

393 Der Staat will die Eltern mit der Erziehungsaufgabe nicht völlig allein lassen. Daher können Eltern hierbei staatliche Unterstützung erhalten und zwar:

- nach § 1631 Abs. 3 BGB vom **Familiengericht** und
- nach § 27 Abs. 1 SGB VIII vom **Jugendamt**.

394 Die Möglichkeiten des **Familiengerichts** sind allerdings begrenzt. Mehr als das Kind vorladen, sein Erscheinen vor Gericht ggf. durch Vorführung nach § 33 Abs. 3 S. 3 FamFG erzwingen, und ihm dann ins Gewissen reden, wird das Gericht kaum tun können. Nur in besonders gelagerten Fällen dürfte der Erlass einer **vollstreckbaren Entscheidung** in Betracht kommen, zumal die nach § 95 Abs. 1 FamFG dafür geltenden Zwangsvollstreckungsvorschriften der ZPO nicht wirklich passen. Es dürfte kaum je in Frage kommen, das Kind durch Ordnungs- oder Zwangsgeld oder gar Haft zu einem Verhalten zu zwingen.

Das Jugendamt kann den Eltern dagegen in vielfältiger Weise **Hilfe zur Erziehung** gewähren bis hin zur vollstationären Hilfe in der Form der Vollzeitpflege (§ 33 SGB VIII) oder Heimerziehung (§ 34 SGB VIII). 395

→ Exkurs 1: Hilfen des Jugendamtes

3. Aufsicht. Die Eltern sind außerdem kraft Gesetzes zur Aufsicht über ihre Kinder verpflichtet. § 832 BGB droht ihnen mit zivilrechtlicher Haftung für den Fall, dass sie die erforderliche Aufsicht nicht nachweisbar ausgeübt haben und das Kind einen Schaden verursacht. 396

Die Aufsicht erfordert jedoch die Einhaltung eines gesunden Mittelmaßes. Denn § 1626 Abs. 2 BGB gebietet den Eltern ja andererseits, die wachsende Eigenverantwortlichkeit des Kindes zu fördern, außerdem würde eine lückenlose Beaufsichtigung auch sonst Unmögliches von den Eltern verlangen.

Das **Maß der gebotenen Aufsicht** ist im Einzelfall von vielen verschiedenen Faktoren abhängig, nämlich dem Alter des Kindes, seiner individuellen Reife, seinen praktischen Fähigkeiten, seiner Neigung zu gefährlichem Tun und dem, was den Eltern in ihrer konkreten Situation an Aufsichtsmaßnahmen zugemutet werden kann. Je „ungezogener" das Kind sich in der Vergangenheit verhalten hat, desto strenger ist die Rechtsprechung, jedenfalls bis zu dem Punkt, an dem feststeht, dass das Kind mit elterlichen Erziehungsmaßnahmen gar nicht mehr zu erreichen ist.

→ Entscheidungen Nr. 50 bis 52

Die Aufsichtspflicht als solche ist **nicht übertragbar**. Die Eltern können sie jedoch auch dadurch *erfüllen*, dass sie einem sorgfältig ausgewählten, zuverlässigen Dritten die Beaufsichtigung überlassen. Dann trifft ggf. diesen Dritten direkt die Haftung für eine Vernachlässigung der Aufsicht (§ 832 Abs. 2 BGB). Das gilt insbesondere für Pflegeeltern und Heimpersonal. Kraft Gesetzes aufsichtspflichtig sind außer den Personensorgeberechtigten auch Stiefeltern im Rahmen ihres kleinen Sorgerechts aus § 1687b Abs. 1 BGB und nicht sorgeberechtigte Eltern aus §§ 1687a, 1687 Abs. 1 S. 4 BGB, während sich das Kind bei ihnen aufhält. 397

Der Geschädigte braucht nur darzulegen und zu beweisen, dass er durch eine objektive unerlaubte Handlung des Kindes geschädigt wurde. (Verschulden und Verantwortlichkeit des Kindes i. S. v. § 828 BGB spielen keine Rolle.) Die Beweislast dafür, dass die Aufsichtspflicht erfüllt oder ihre Nichterfüllung für die Handlung des Kindes nicht kausal war, liegt bei den Eltern.

398 **4. Aufenthaltsbestimmung.** Dem Kind gegenüber können Eltern den Aufenthalt in der Regel nur dadurch direkt bestimmen, dass sie entsprechend erzieherisch auf es einwirken. Das Aufenthaltsbestimmungsrecht bewährt sich daher vor allem im Außenverhältnis zu Dritten.

399 **a) Geschlossene Unterbringung.** Zur Aufenthaltsbestimmung gehört das Recht, das Kind in einer **geschlossenen Anstalt** unterzubringen, jedoch nur, soweit das Familiengericht dies vorab genehmigt hat (§ 1631b Abs. 1 S. 1 BGB). Nur bei Gefahr im Verzug ist die sofortige Unterbringung zulässig. Die Genehmigung muss dann unverzüglich nachträglich beantragt werden (§ 1631b Abs. 1 S. 3 BGB). Die Gerichte müssen wiederum sicherstellen, dass zumindest werktags von 6.00 Uhr bis 21.00 Uhr ein Richter erreicht werden kann, der über Freiheitsentziehungen entscheidet. Am Wochenende kann dieser Zeitraum kürzer sein, doch muss sowohl samstags als auch sonn- und feiertags jedenfalls irgendwann ebenfalls ein Richter erreichbar sein.

Die freiheitsentziehende Unterbringung setzt voraus, dass sie zum **Wohl des Kindes erforderlich** ist (§ 1631b Abs. 1 S. 2 BGB). „Erforderlich“ meint hier: verhältnismäßig. Sie muss der Abwehr von Nachteilen für das Kind dienen und dafür *geeignet*, erforderlich und *angemessen* sein. Eine „erhebliche Selbstgefährdung“ ist nicht unabdingbar notwendig, eine Fremdgefährdung genügt aber nur, wenn sie sich indirekt – z. B. durch drohende Strafverfolgung – auch auf das Wohl des Kindes negativ auswirkt.

In Frage kommt vor allem die Unterbringung in einer geschlossenen Kinder- und Jugendpsychiatrie bei psychischer Krankheit oder in einem „beschützenden“ Heim bei geistiger Behinderung, aber auch in einem **geschlossenen Heim**, falls andere Möglichkeiten, eine dem Wohl des Kindes entsprechende Erziehung noch zu gewährleisten, nicht mehr bestehen. Der Freiheitsentzug ist **ultima ratio**. Es muss feststehen, dass das Kind mit anderen Erziehungsmaßnahmen oder Hilfen (auch mit einer intensiven sozialpädagogischen Einzelbetreuung nach § 35 SGB VIII) nicht mehr erreichbar ist (siehe auch Art. 37 b UN-KindRK).

→ Entscheidung Nr. 53

400 **b) andere freiheitsentziehende Maßnahmen.** Nach § 1631b Abs. 2 BGB gilt für Maßnahmen, durch die dem Kind, das sich in einer **offenen Einrichtung** aufhält, regelmäßig oder über einen längeren Zeitraum hinweg die persönliche Bewegungsfreiheit entzogen wird, dasselbe. Auch dies ist nur zum Wohle des Kindes zulässig und wenn es hierzu verhältnismäßig ist. Die Genehmigung des Familiengerichts ist unter den gleichen Voraussetzungen erforderlich.

Die Vorschrift betrifft **altersentsprechende Maßnahmen** nicht. Damit sind Vorkehrungen gemeint, mit denen auf altersgerechte Weise sichergestellt wird, dass der Aufsichtspflicht genügt werden kann, wie z. B. das Setzen von Kleinkindern in einen Laufstall oder das nächtliche Abschließen der Außentüren, damit sich Kinder nicht mehr draußen aufhalten, wenn dies nicht mehr altersentsprechend ist. Bei Jugendlichen wird das noch altersgerecht sein, wenn es mit den Zeitgrenzen übereinstimmt, die § 5 Abs. 2 JuSchG nennen, wenngleich es in Deutschland keine allgemeine „Sperrstunde" für Minderjährige gibt.

Keine Vorschriften gibt es für freiheitsentziehende Maßnahmen in der **Familie** oder in einer Pflegefamilie. Hier dürfte gelten, dass sie jedenfalls zulässig sind, wenn sie altersgerecht sind oder sonst notwendig, um eine Gefahr von dem Kind abzuwenden. Eine familiengerichtliche Genehmigung ist aber weder notwendig, noch kann sie erteilt werden, denn diesseits der durch § 1631b BGB gezogenen Grenzen umfasst das Aufenthaltsbestimmungsrecht der Eltern grundsätzlich auch das Recht, die Bestimmung dem Kind gegenüber mit Zwang durchzusetzen.

c) Herausgabe des Kindes. Hält sich das Kind ohne Einverständnis der Eltern **401**
bei einem Dritten auf, so haben sie aus dem Aufenthaltsbestimmungsrecht einen **Herausgabeanspruch** gegen diesen Dritten (§ 1632 Abs. 1 BGB).

Anspruchsinhaber sind beide Eltern gemeinsam, wenn ihnen das Aufenthaltsbestimmungsrecht gemeinsam zusteht. Gerichtlich geltend machen kann den Anspruch nach § 1632 Abs. 3 BGB aber auch ein Elternteil alleine.

Anspruchsgegner kann jeder sein, der das Kind in seiner Obhut hat, ohne hierzu ermächtigt zu sein. Die Ermächtigung eines Sorgeberechtigten genügt dafür, soweit er die Herausgabe weder verlangt noch mit ihr einverstanden ist, denn dadurch würde sie – mindestens konkludent – widerrufen. In Frage kommt ferner die Ermächtigung durch eine **gerichtliche Anordnung** oder **kraft Verwaltungsakts** im Falle der Inobhutnahme des Kindes durch das Jugendamt (§ 42 Abs. 1 S. 2 Hs. 1 SGB VIII). Eine solche Inobhutnahme darf gegen den Widerspruch der Eltern nur aufrechterhalten werden, wenn das Jugendamt unverzüglich das Familiengericht einschaltet (§ 42 Abs. 3 S. 2 SGB VIII).

Das Familiengericht hat auf Antrag eines Elternteils den Dritten zur Heraus- **402**
gabe zu **verpflichten** (§ 1632 Abs. 3 BGB). Es prüft hierbei grundsätzlich nicht, ob die Herausgabe dem Kindeswohl entspricht. Es ist aber berechtigt, zu prüfen, ob es eine Entscheidung von Amts wegen treffen kann, die dem Herausgabeanspruch den Boden entzieht. Es weist den Antrag daher zurück, wenn das Verfahren Anlass gibt, eine Übertragung der elterlichen Sorge auf den Elternteil, der die Herausgabe verlangt, **abzuändern** (§ 1696 Abs. 1 BGB), eine **Verbleibensanordnung** (dazu unten Rn. 405) zu erlassen oder dem Antragsteller das **Aufenthaltsbestimmungsrecht** nach § 1666 Abs. 1, Abs. 3 Nr. 6 BGB zu entziehen.

403 So lange **beide Eltern sorgeberechtigt** sind, kann keiner vom anderen ohne weiteres die Herausgabe des Kindes nach § 1632 Abs. 1 BGB verlangen, weil dieser kraft seines eigenen Sorgerechtes dazu berechtigt ist, das Kind in Obhut zu behalten.

Der Herausgabeantrag eines mitsorgeberechtigten Elternteils kann aber mit dem Antrag nach § 1671 Abs. 1 BGB verbunden werden, ihm das **Aufenthaltsbestimmungsrecht** allein zu übertragen. Dann ist zuerst über diesen nach dem in § 1671 Abs. 1 S. 2 Nr. 2 BGB genannten Maßstab zu entscheiden. Scheitert das daran, dass die Eltern noch nicht getrennt leben, kommt ein Antrag nach § 1628 BGB in Frage, sonst ist das unzureichend, weil es das Problem nur vorübergehend löst.

404 Die **Vollstreckung** einer Herausgabeverfügung richtet sich nach § 88 ff. FamFG. Dem zur Herausgabe Verpflichteten drohen nach § 89 FamFG Ordnungsgeld, Ordnungshaft und nach § 90 FamFG auch die Vollstreckung unter Anwendung **unmittelbaren Zwanges**.

Unmittelbarer Zwang darf auch **gegen das Kind** angewendet werden, wenn die Herausgabe mit anderen Mitteln nicht vollstreckt werden kann (§ 90 Abs. 2 S. 2 FamFG).

Die Auswahl des anzuwendenden Vollstreckungsmittels liegt im Ermessen des Gerichts, nicht jedoch die Vollstreckung als solche, die das Gericht nur unter den Voraussetzungen des § 93 FamFG einstellen kann.

405 **d) Verbleibensanordnung.** Pflegeeltern können nach § 1632 Abs. 4 BGB beantragen, dass das Familiengericht den **Verbleib** des Kindes bei ihnen anordnet. Denselben Antrag können nach § 1682 BGB Stiefeltern, Großeltern und volljährige Geschwister des Kindes stellen, wenn das Kind bisher mit einem Elternteil und ihnen zusammengelebt hat und der andere Elternteil die Herausgabe verlangt, nachdem ihm nach §§ 1678 Abs. 2, 1680, 1681 BGB die elterliche Sorge allein zusteht oder er sie nach § 1678 Abs. 1 BGB allein ausübt.

Der Erlass einer solchen **Verbleibensanordnung** setzt voraus, dass das Kind durch die Herausgabe gefährdet wäre. Das wird hier allerdings schon angenommen, wenn ihm durch die Herausgabe ein erheblicher Schaden mit **überwiegender Wahrscheinlichkeit** droht. Wird die Herausgabe nur verlangt, um das Kind anderweitig fremdunterzubringen, genügt es sogar schon, wenn ein erheblicher Schaden **nicht ausgeschlossen** werden kann.

→ Entscheidung Nr. 54

406 Die Verbleibensanordnung hat zur Folge, dass demjenigen, zu dessen Gunsten sie erlassen wird, die in § 1688 Abs. 1 BGB genannten Befugnisse (siehe dazu Rn. 354) zustehen, ohne dass die Eltern sie einschränken oder ausschließen können (vgl. § 1688 Abs. 4 BGB).

VIII. Vermögenssorge (§§ 1638 bis 1649 BGB)

1. Allgemeines. Die elterliche Sorge umfasst nach § 1626 Abs. 1 S. 2 BGB auch die Vermögenssorge. Diese beinhaltet grundsätzlich die Verwaltung des gesamten, dem Kind zustehenden Vermögens mit folgenden Ausnahmen: **407**

1. Das Kind kann (wegen § 104 Nr. 1 BGB allerdings erst ab dem Alter von sieben Jahren) Teile seines Vermögens **selbst verwalten**, dessen Verwaltung die Eltern ihm überlassen haben (§§ 110, 112, 113 BGB). Die Eltern haben das Recht, die Verwaltung wieder an sich zu ziehen.
2. Wer dem Kind etwas vererbt oder schenkt, kann nach § 1638 Abs. 1 BGB die Eltern von der Verwaltung **ausschließen**. Das gilt dann auch für Surrogate des zugewandten Gegenstandes (§ 1638 Abs. 2 BGB). Insoweit muss dem Kind nach § 1909 Abs. 1 S. 2 BGB ein Pfleger bestellt werden, den der Zuwendende benennen kann (§ 1917 BGB). Es ist nach § 1638 Abs. 3 BGB auch zulässig, nur einen Elternteil von der Verwaltung ausschließen. Das hat dann den Effekt, dass dem anderen die Vermögenssorge insoweit allein zusteht.

2. Vermögensverwaltung durch das Kind. Die Eltern können dem Kind nicht beliebig Vermögen zur Selbstverwaltung überlassen. § 1644 BGB macht die Überlassung von Gegenständen, zu deren Veräußerung die Genehmigung des Familiengerichts notwendig wäre, von eben dieser Genehmigung abhängig. Das gilt insbesondere für Grundstücke (§§ 1643 Abs. 1, 1821 BGB). **408**
Außerdem werden nach § 110 BGB **Verpflichtungsgeschäfte** erst wirksam, wenn das Kind sie tatsächlich mit diesen Mitteln erfüllt hat. Beabsichtigt es dies lediglich, bleibt es vorläufig bei den sich aus §§ 107 bis 109 BGB ergebenden Rechtsfolgen.

Gefährlicher ist schon die Führung eines **eigenen Erwerbsgeschäfts** durch das Kind. Deshalb ist hierfür nach § 112 Abs. 1 BGB auch die Genehmigung des Familiengerichts notwendig – allerdings nach § 112 Abs. 2 BGB auch für die Rücknahme der Erlaubnis. Führt das Kind ein selbständiges Erwerbsgeschäft mit dieser Genehmigung, kann es alle hiermit regelmäßig verbundenen Geschäfte ohne die Eltern vornehmen (§ 112 Abs. 1 S. 1 BGB), ausgenommen nur die, für die die Eltern ihrerseits eine Genehmigung des Familiengerichts benötigen würden (§ 112 Abs. 1 S. 2 BGB), z. B. für die Erteilung von Prokura (§§ 1643 Abs. 1, 1822 Nr. 11 BGB). **409**

Wollen die *Eltern* im Namen des Kindes ein Erwerbsgeschäft führen, so sollen sie hierfür auch die Genehmigung des Familiengerichts einholen (§ 1645 BGB). Die Geschäftseröffnung ohne diese Genehmigung ist jedoch wirksam („sollen"). Außerdem gilt es nur für die Neueröffnung. Die Fortführung eines Erwerbsgeschäfts, das das Kind geerbt hat, fällt trotz der damit verbundenen handelsrechtlichen Haftung nicht unter § 1645 BGB.

410 Das Kind ist, soweit es danach Vermögen selbst verwalten kann, so **frei wie ein Volljähriger**. Es darf auch unvernünftig handeln. Auch die Eltern müssen gegen selbstschädigende Geschäfte des Kindes nicht einschreiten, falls sie das aus erzieherischen Gründen nicht für sinnvoll halten.

411 **3. Vermögensverwaltung durch die Eltern.** Wenn das Kind ein größeres Vermögen (Grenze: € 15.000) erbt oder geschenkt bekommt, haben die Eltern nach § 1640 BGB ein **Vermögensverzeichnis** anzulegen und es dem Familiengericht einzureichen. Auch wenn kein Verzeichnis nach § 1640 BGB notwendig ist, kann das **Familiengericht** die Eltern anweisen, eines anzulegen (§ 1667 Abs. 1 BGB), falls das Kindesvermögen andernfalls gefährdet wäre.

> § 1640 BGB enthält eine Falle: Reichen Eltern nicht von sich aus ein solches Vermögensverzeichnis ein, haben sie eine gesetzliche Vorschrift über die Verwaltung des Kindesvermögens verletzt und es wird nach § 1666 Abs. 2 BGB die Gefährdung des Kindesvermögens vermutet. Darauf sollte ggf. hingewiesen werden, wenn über eine entsprechende Zuwendung beraten wird.

412 In der Verwaltung sind die Eltern nach § 1642 BGB nur zur **Wirtschaftlichkeit** verpflichtet. Konkretere Vorgaben macht das Gesetz nicht.
Nach § 1641 BGB sind den Eltern **Schenkungen** aus dem Kindesvermögen mit Ausnahme von Pflicht- und Anstandsschenkungen verboten.

413 § 1643 BGB schreibt außerdem vor, dass die Eltern bestimmte Geschäfte nur mit **Genehmigung des Familiengerichts** vornehmen können. Darunter fallen:

- die Ausschlagung einer Erbschaft oder eines Vermächtnisses und der Verzicht auf den Pflichtteil soweit das Kind nicht nur deshalb berufen ist, weil die Eltern auch für sich selbst ausschlagen (§ 1643 Abs. 2 BGB),
- die meisten Immobiliengeschäfte (§§ 1643 Abs. 1, 1821 BGB),
- Geschäfte über das Vermögen im Ganzen oder einen (bereits angefallenen) Erb- oder Pflichtteils (§§ 1643 Abs. 1, 1822 Nr. 1 BGB),
- der Erwerb oder die Veräußerung eines Erwerbsgeschäfts (§§ 1643 Abs. 1, 1822 Nr. 3 BGB),

- Verträge, die das Kind länger an eine regelmäßige Leistungspflicht binden als bis zu seinem 19. Geburtstag (§§ 1643 Abs. 1, 1822 Nr. 5 BGB),
- jede Kreditaufnahme (§§ 1643 Abs. 1, 1822 Nr. 8 BGB), dazu gehört auch die Überziehung eines Kontos des Kindes, nicht jedoch der reine Warenkredit (Kauf von Waren auf Raten oder mit Zahlungsziel),
- die Ausstellung eines Wechsels, oder einer Schuldverschreibung auf den Inhaber (§§ 1643 Abs. 1, 1822 Nr. 9 BGB) oder anderer indossabler Papiere, z. B. eines Schecks,
- eine Bürgschaft oder Schuldübernahme (§§ 1643 Abs. 1, 1822 Nr. 10 BGB),
- die Erteilung von Prokura i. S. v. §§ 48 ff. HGB (§§ 1643 Abs. 1, 1822 Nr. 11 BGB).

Abgeschlossene Verträge ohne Genehmigung sind schwebend unwirksam (§§ 1643 Abs. 3, 1829 BGB). Einseitige Rechtsgeschäfte, die ohne die erforderliche Genehmigung vorgenommen werden, sind nichtig (§§ 1643 Abs. 3, 1831 BGB).

Nimmt **das Kind** eines dieser Geschäfte selbst vor, und wollen die Eltern ihre **414**
Zustimmung hierzu nach § 107 BGB erteilen, so bedarf das Geschäft des Kindes auch der Genehmigung des Familiengerichts, da die Eltern dem Kind nicht etwas gestatten können, was sie selbst nicht tun könnten. Das führt dann zu einer **doppelten Zustimmungspflicht**, nämlich durch die Eltern und das Gericht.

Beispiel: **415**
Der 16jährige M eröffnet ein Girokonto und vereinbart mit der Bank einen Dispo-Kredit. Diese Vereinbarung ist zunächst wegen fehlender Genehmigung der Eltern nach § 108 Abs. 1 BGB schwebend unwirksam. Wenn die Eltern das Geschäft genehmigen, wird der Girovertrag wirksam, nicht aber die Kreditvereinbarung, die erst wirksam wird, wenn das Familiengericht sie nach §§ 1643 Abs. 1, 1822 Nr. 8 BGB genehmigt und die Eltern der Bank diese Genehmigung übermitteln (§§ 1643 Abs. 3, 1829 Abs. 1 S. 2 BGB).
Kommt der unwirksam vereinbarte Kredit zur Auszahlung (weil das Kind oder auch seine Eltern das Konto überziehen), so ist dies rechtlich unwirksam. Die Bank muss den Betrag wieder gutschreiben. Sie kann den ausgezahlten Betrag nur nach den Vorschriften über die Rückforderung einer ungerechtfertigten Bereicherung zurückverlangen (§ 812 Abs. 1 S. 1 Alt. 1 BGB). Zinsen fallen frühestens an, wenn das Kind hierzu aufgefordert worden ist.

Fehlt einem Vertrag die erforderliche Genehmigung des Familiengerichts noch **416**
wenn das Kind volljährig wird, kann es ihn nur noch selbst genehmigen (§§ 1643 Abs. 3, 1829 Abs. 3 BGB).

Die fehlende Genehmigung des Familiengerichts führt nicht dazu, dass die Eltern als Vertreter ohne Vertretungsmacht nach § 179 BGB in Anspruch genommen werden könnten. Die Genehmigung ist selbständiges Wirksamkeitserfordernis für das abgeschlossene Geschäft. Die Rechtsfolgen ihres Fehlens sind in §§ 1829 bis 1831 BGB abschließend geregelt. Die Eltern sind auch weder verpflichtet, die erforderliche Genehmigung zu beantragen, noch von einer schon erteilten Genehmigung durch Übermittlung Gebrauch zu machen.

417 4. **Verwendung der Einkünfte.** Es ist zwar selten, aber ein Kind kann zweierlei Arten von Einkünften haben, nämlich

- aus seinem Vermögen = Vermögenserträge,
- aus seiner Arbeitskraft = Erwerbseinkommen.

418 § 1649 BGB bestimmt folgende Reihenfolge, wozu die **Vermögenserträge** des Kindes zu verwenden sind:

- zunächst für den Vermögenserhaltungsaufwand,
- dann für den Unterhalt des Kindes,
- dann für den Unterhalt der Eltern oder Geschwister, falls das der Billigkeit entspricht,
- dann zur Vermögensvermehrung.

419 **Erwerbseinkommen** ist einzusetzen:

- zunächst für den Unterhalt des Kindes,
- dann zur Vermögensvermehrung.

420 Für den **Unterhalt** des Kindes sind zuerst die Vermögenserträge und dann erst das Erwerbseinkommen zu verwenden (§ 1649 Abs. 1 S. 2 BGB). Diese Reihenfolge entspricht nicht dem, was sonst üblich ist. Wäre es umgekehrt, könnten die Eltern und Geschwister aber indirekt vom Erwerbseinkommen des Kindes profitieren.

Hat das Kind eigenes Einkommen, aus dem es sich nach Maßgabe von § 1602 BGB selbst unterhalten muss, steht den Eltern wegen der Aufwendungen, die sie für das Kind haben, ein **Ersatzanspruch** (Kostgeld) zu (§ 1648 BGB), allerdings erst ab dem Zeitpunkt, zu dem sie das tatsächlich verlangen oder sich selbst auszahlen, sonst steht § 685 Abs. 2 BGB im Wege.

421 5. **Minderjährigenhaftungsbegrenzung.** All die schon erwähnten Normen haben in Einzelfällen nicht verhindert, dass Eltern durch ihr Handeln für eine Überschuldung ihrer Kinder noch während deren Minderjährigkeit gesorgt haben. Der „kritischste" Fall dieser Art ist die Fortführung einer Personenhandelsgesellschaft an der das Kind beteiligt ist, auch in dessen Namen (wofür keine familiengerichtliche Genehmigung notwendig ist), weil das Kind dadurch für alle bestehenden und künftigen Forderungen persönlich voll haftet. Das BVerfG hat darin einen Verstoß gegen das Recht des Kindes auf freie Entfaltung seiner Persönlichkeit (Art. 2 Abs. 1 GG) gesehen und dem Gesetzgeber aufgegeben, Abhilfe zu schaffen.

Deswegen bestimmt § 1629a BGB, dass ein volljährig gewordenes Kind seine **422**
Haftung für Schulden, die die Eltern im Rahmen ihrer gesetzlichen Vertretungsmacht verursacht haben, auf das Vermögen **beschränken** kann, das es im Zeitpunkt der Volljährigkeit hat („Altvermögen").
§ 1629a BGB gilt *nicht* für Geschäfte, die das Kind ohne Einwilligung seiner Eltern wirksam vorgenommen hat. § 110 BGB spielt in diesem Zusammenhang (weil er nur *erfüllte* Geschäfte erfasst) keine Rolle. Vor allem ist § 112 BGB gefährlich: Die Erlaubnis, selbständig ein Handelsgeschäft zu führen schließt demnach diejenige ein, sich selbständig erheblich zu verschulden.
Ein noch ungelöstes Problem stellt das Alles-oder-Nichts-Prinzip des § 828 BGB dar.

→ Entscheidung Nr. 55

IX. Gesetzliche Vertretung

Damit ein Minderjähriger am Rechtsverkehr vollständig teilnehmen kann, **423**
muss er stets vertreten werden können. Deshalb braucht er immer einen gesetzlichen Vertreter. Das sind die Eltern, soweit ihnen die elterliche Sorge zusteht (§ 1629 Abs. 1 S. 1 BGB). Andernfalls benötigt das Kind einen Vormund oder Pfleger, der es entsprechend vertreten kann (§§ 1915 Abs. 1 S. 1, 1793 Abs. 1 S. 1 BGB).

1. Aktive Gesamtvertretung. Für die Vornahme von Rechtsgeschäften steht den **424**
Eltern normalerweise Vertretungsmacht nur zum **gemeinsamen Handeln** zu (§ 1629 Abs. 1 S. 2 Hs. 1 BGB). Das gilt auch für geschäftsähnliche Handlungen, soweit die Eltern dafür zuständig sind (z. B. die Einwilligung in medizinische Behandlungen). Es gilt aber natürlich nur bei **gemeinsamer elterlicher Sorge**. Steht sie einem Elternteil überhaupt allein zu, ist er immer auch zur Alleinvertretung berechtigt.

425 Die Folgen des nicht erlaubten Handelns eines einzelnen Elternteils im Namen des Kindes richten sich nach den Regeln über das Handeln des **Vertreters ohne Vertretungsmacht** (§ 177 ff. BGB).

426 **Allein** kann ein Elternteil wirksam handeln:

- soweit er die elterliche Sorge – überhaupt oder in der konkreten Angelegenheit – **allein ausübt** (§ 1629 Abs. 1 S. 3 BGB), was aus §§ 1678 Abs. 1, 1687 Abs. 1 S. 2 oder S. 4 BGB oder einer gerichtlichen Entscheidung nach § 1628 BGB folgen kann,
- er vom anderen zum alleinigen Handeln **ermächtigt** wurde,
- zudem immer bei **Gefahr im Verzug**, nämlich wenn dem Kind ein Schaden droht, falls nicht gehandelt wird, bevor der andere Elternteil erreichbar ist (§ 1629 Abs. 1 S. 4 BGB),
- wenn der Elternteil, bei dem das Kind lebt, vom anderen Elternteil im Namen des Kindes **Unterhalt** fordert (§ 1629 Abs. 2 S. 2 BGB).

427 2. **Passive Alleinvertretung.** Ist ein einseitiges Geschäft dem Kind gegenüber vorzunehmen, so vertritt jeder Elternteil das Kind allein (§ 1629 Abs. 1 S. 2 Hs. 2 BGB). Es genügt also, wenn z.B. eine Kündigung an die Mutter adressiert wird, obwohl beide Eltern das Sorgerecht haben.
Entsprechend wird dies gesehen, wenn es um **Wissenszurechnung** nach § 166 Abs. 1 BGB geht. Die Frist des § 1600b Abs. 1 S. 1 BGB beginnt für das minderjährige Kind deshalb zu laufen, sobald auch nur ein (sorgeberechtigter) Elternteil Tatsachen kennt, die auf die Unrichtigkeit der Vaterschaft schließen lassen.

428 3. **Vertretungsverbote.** Das in § 181 BGB verankerte Verbot von **Insichgeschäften** gilt auch für die Vertretung von Kindern durch ihre Eltern (siehe §§ 1629 Abs. 2 S. 1, 1795 Abs. 2 BGB).
Durch die Verweisung auf § 1795 Abs. 1 BGB in § 1629 Abs. 2 S. 1 BGB wird dieses Vertretungsverbot **erweitert**: Es verbietet auch die Vertretung des Kindes bei Geschäften gegenüber einem **nahen Angehörigen** der Eltern (Verwandte in gerader Linie, Ehegatten, Lebenspartner).
Ist **einer der Eltern** wegen § 181 BGB oder wegen §§ 1629 Abs. 2 S. 1, 1795 Abs. 1 BGB an der Vertretung des Kindes gehindert, kann nicht etwa der andere allein handeln, denn § 1678 Abs. 1 Alt. 1 BGB erwähnt die rechtliche Verhinderung nicht, stattdessen erwähnt § 1629 Abs. 2 S. 1 BGB aber Vater *und* Mutter. Steht die elterliche Sorge einem Elternteil überhaupt allein zu, kommt es freilich nur auf diesen an. Er kann das Kind auch vertreten, wenn der andere es, wäre er sorgeberechtigt, nicht könnte.

Beispiel: 429
M und F sind Eheleute und Eltern der beiden Kinder S und T. S und T haben einen Onkel beerbt. M und F möchten eine Vereinbarung zur Auseinandersetzung der Erbengemeinschaft zwischen S und T schließen.
So lange S und T beide minderjährig sind, können M und F sie schon wegen § 181 BGB nicht beide vertreten.
Aber auch wenn S schon volljährig ist, können sie T wegen §§ 1629 Abs. 2 S. 1, 1795 Abs. 1 Nr. 1 BGB nicht vertreten, da ja der andere Vertragspartner (S) ein Verwandter von ihnen in gerader Linie ist.
Und schließlich könnten sie T auch dann nicht vertreten, wenn S gar nicht der gemeinsame Sohn ist, sondern ein voreheliches Kind von F. Dann trifft §§ 1629 Abs. 2 S. 1, 1795 Abs. 1 Nr. 1 BGB zwar nur auf F zu, aber § 1629 Abs. 2 S. 1 BGB schließt Vater *und* Mutter von der Vertretung aus und aus § 1678 Abs. 1 BGB folgt auch kein Alleinvertretungsrecht des M wegen der rechtlichen Verhinderung der F. M kann T jedoch vertreten, wenn das Familiengericht ihm die alleinige elterliche Sorge überträgt, und sei es auch nur für den Teilaspekt „Erbauseinandersetzung mit S“.

Die Vertretungsverbote gelten auch für die **Einwilligung** in ein von dem beschränkt geschäftsfähigen Kind selbst vorgenommenes Geschäft. Das wird oft damit begründet, dass § 1629 Abs. 2 S. 1 BGB sonst umgangen werden könnte. Richtiger ist, darin einen Anwendungsfall des Prinzips *nemo dat quod non habet* zu sehen (Niemand kann einem anderen mehr Rechtsmacht verleihen, als er selbst hat.). Deshalb nützt es auch nichts, wenn die Eltern einen – oder mehrere – Dritte **bevollmächtigen**, solche Geschäfte im Namen des Kindes vorzunehmen. 430
Von den Vertretungsverboten kann auch das Familiengericht keine Befreiung erteilen. Sie können überhaupt nur über die **Bestellung eines Ergänzungspflegers** wirksam vorgenommen werden. Es reicht dafür freilich, wenn die Eltern das Geschäft als Vertreter ohne Vertretungsmacht vornehmen und der Ergänzungspfleger es dann nach § 177 Abs. 1 BGB nachträglich genehmigt.

Die Vertretungsverbote kennen allerdings auch **Ausnahmen**: 431
Reine Erfüllungsgeschäfte sind schon nach dem Wortlaut der §§ 181, 1795 Abs. 1 Nr. 1 BGB erlaubt. Das sind Geschäfte, die allein dem Zweck dienen, einen schon *bestehenden Anspruch* zu erfüllen. *Nachdem* ein wirksamer Kaufvertrag zwischen Eltern und Kind geschlossen wurde, können die Eltern das Kind daher bei der *Übereignung* der Kaufsache wieder vertreten.

Die §§ 181, 1795 Abs. 1 BGB sind außerdem dahin teleologisch zu reduzieren, dass Geschäfte, die dem Kind **keinerlei Rechtsnachteile** bringen, ebenfalls erlaubt sind. Die Reichweite dieser Ausnahme ist dieselbe wie in § 107 BGB. Es ist auch hier notwendig und ausreichend, dass das Kind durch das Geschäft in keinem seiner Rechtsgüter einen unmittelbaren Nachteil erleidet und keinerlei unmittelbare Verpflichtungen übernimmt.
Anstandsschenkungen (zur Definition siehe § 594 BGB) sind insofern ein Sonderfall, als sie nach § 814 Alt. 2 BGB auch durch einen *nichtigen* Schenkungsvertrag bestandskräftig vorgenommen werden können. Das Kind kann das Weihnachtsgeschenk, das es seinen Eltern gemacht hat, also nicht deshalb zurückfordern, weil die Eltern es hierbei nicht wirksam vertreten konnten.

→ Entscheidung Nr. 56

432 Ein Sonderproblem löst § 1629 Abs. 3 BGB. Nach § 1629 Abs. 2 S. 2 BGB kann zwar der Elternteil, bei dem das Kind sich gewöhnlich aufhält, das Kind bei der Forderung von **Unterhalt vom anderen Elternteil** allein vertreten. Das nützt wegen §§ 1629 Abs. 2 S. 1, 1795 Abs. 1 BGB aber nichts, wenn die Eltern (noch) miteinander verheiratet sind. Deshalb steht dem betreuenden Elternteil dann das Recht zu, den Kindesunterhalt **im eigenen Namen** vom anderen zu fordern. Das ist ein Fall gesetzlicher Prozessstandschaft.

9. Kapitel **Schutzmaßnahmen des Familiengerichts**

I. Aufgabenverteilung zwischen Jugendamt und Familiengericht

Ist das Wohl des Kindes gefährdet, muss dagegen in jedem Falle etwas unternommen werden. Hierfür sind in erster Linie die Eltern zuständig, bei Gefahr im Verzug kann jeder von ihnen alleine handeln (§ 1629 Abs. 1 S. 4 BGB), unter bestimmten Voraussetzungen auch nicht sorgeberechtigte Eltern oder Dritte (s. dazu Rn. 352 ff.). Können oder wollen diese Personen die Gefahr aber nicht abwenden, ist durch Eingreifen staatlicher Stellen sicherzustellen, dass sie abgewendet wird. **433**

Dem **Jugendamt** obliegt es nach § 8a SGB VIII, eine Gefährdung des Kindeswohls **festzustellen** und für die Einleitung entsprechender Maßnahmen zu sorgen. Soweit dazu in Rechte der Eltern oder Dritter unmittelbar eingegriffen werden muss, ist hierfür nach §§ 1666 bis 1667 BGB das **Familiengericht** zuständig. In **Eilfällen** können vorläufige Eingriffe jedoch nach § 42 SGB VIII wieder dem Jugendamt obliegen.

→ Exkurs Nr. 2: Schutzauftrag und Schutzmaßnahmen des Jugendamtes

Jede Maßnahme, die das **Familiengericht** zum Schutz des Kindes ergreifen will, unterliegt nach § 1666 Abs. 1 BGB drei Voraussetzungen: **434**

- Es muss eine **Gefahr** für das körperliche, geistige oder seelische Wohl des Kindes oder aber für sein Vermögen vorliegen (Gefahrenlage).
- Die Eltern dürfen entweder nicht willens oder nicht in der Lage sein, die Gefahr **selbst abzuwenden** (Abwehrprimat der Eltern).
- Die getroffene Maßnahme muss zur Gefahrenabwehr **geeignet, erforderlich und angemessen** sein (Verhältnismäßigkeit).

→ Übersicht Nr. 16 zu den Eingriffsvoraussetzungen des § 1666 Abs. 1 BGB

II. Gefahrenlage

Eine Gefahr für das Wohl des Kindes liegt nicht schon vor, wenn das Kind in seiner Umgebung keine Aufwachsensbedingungen vorfindet, die ihm die Ent- **435**

wicklung all seiner Anlagen ermöglicht. Familie ist Schicksal. Zunächst muss jeder mit den Eltern leben, die er hat. Dass diese nicht vollkommen sind, nimmt die Rechtsordnung bewusst in Kauf.
Die Rechtsprechung legt den Gefährdungsbegriff des § 1666 Abs. 1 BGB vielmehr recht eng aus. Sie verlangt, dass *„eine gegenwärtige, in einem solchen Maße vorhandene Gefahr (besteht), dass bei der weiteren Entwicklung der Dinge eine erhebliche Schädigung des geistigen oder leiblichen Wohls des Kindes mit hinreichender Wahrscheinlichkeit zu erwarten ist."*

→ Entscheidung Nr. 57

436 Das Familiengericht muss daher dreierlei feststellen, um eine Gefahr für das Kindeswohl annehmen zu können:

- Es muss ein Umstand, der für das Kind eine **konkrete Beeinträchtigung** darstellt, schon vorliegen oder sein Eintritt unmittelbar bevorstehen (nämlich „gegenwärtig" sein).
- Ohne das Eingreifen des Gerichts muss aufgrund dieses Umstands beim Kind ein **erheblicher Schaden** eintreten können oder schon eingetreten sein.
- Wenn der Schaden noch nicht eingetreten ist, muss sein Eintritt **hinreichend wahrscheinlich** sein.

Ist der drohende Schaden nicht erheblich, kommt ein Eingriff von vornherein nicht in Frage. Wenn er es ist, kommt es darauf an, mit welcher Wahrscheinlichkeit er vorhersehbar ist. Welche Wahrscheinlichkeit für einen Eingriff „hinreicht", hängt dabei wieder vom drohenden Schaden ab: je gravierender der Schaden, mit umso geringerer Sicherheit muss er vorhersehbar sein. Da *vage Möglichkeit* eines Schadenseintritts genügt jedoch nie.
Ist ein erheblicher Schaden **schon eingetreten**, kann das einen Eingriff ebenfalls rechtfertigen, nämlich wenn dadurch erreicht werden kann, dass der Schaden verringert wird oder sich nicht weiter vertieft.

437 Eine **Gefahr für das Vermögen** des Kindes ist grundsätzlich unter den gleichen Voraussetzungen anzunehmen. Auch dort kommt es folglich darauf an, ob dem Kind mit hinreichender Wahrscheinlichkeit ein erheblicher Vermögensschaden droht. Allerdings wird dies unter den in § 1666 Abs. 2 BGB genannten Voraussetzungen vermutet. Ein Elternteil, der seine Unterhaltspflicht oder die mit der Vermögenssorge zusammenhängenden Pflichten verletzt, oder Anordnungen des Gerichts, die die Vermögenssorge betreffen, missachtet, muss daher nachweisen, dass er das Kindesvermögen nicht gefährdet, um Maßnahmen nach §§ 1666, 1667 BGB abzuwenden.

Soll die Maßnahme zur **Trennung** des Kindes von den Eltern gegen deren Willen führen, sind die Anforderungen wegen Art. 6 Abs. 3 GG noch einmal deutlich strenger. Das setzt voraus, dass das „elterliche Fehlverhalten ein solches Ausmaß erreicht, dass das Kind bei einem Verbleiben in der Familie in seinem körperlichen, geistigen oder seelischen Wohl *nachhaltig* gefährdet wäre" (BVerfG FamRZ 2015, 112 Rn. 23). Solche Maßnahmen dürfen nur ergriffen werden, wenn der dem Kind drohende erhebliche Schaden andernfalls mit **ziemlicher Sicherheit** eintreten würde. **438**

III. Abwehrprimat der Eltern

Maßnahmen nach § 1666 Abs. 1 BGB kommen nicht in Frage, soweit die Eltern bereit und in der Lage sind, die Gefahr selbst abzuwenden. Aus § 1666a Abs. 1 BGB folgt, dass die Unfähigkeit der Eltern zur Gefahrabwehr dennoch keine Maßnahme rechtfertigt, die zur Trennung des Kindes von den Eltern führt, wenn die Gefahr für das Kindeswohl durch die Gewährung **öffentlicher Hilfen** abgewendet werden kann, also insbesondere durch die Gewährung von Hilfe zur Erziehung in ambulanter oder teilstationärer Form (§§ 28 bis 32 SGB VIII). **439**

IV. Verhältnismäßigkeit

Schließlich muss die getroffene Maßnahme verhältnismäßig, d. h. zur Gefahrenabwehr geeignet, erforderlich und angemessen sein. **440**

- **Geeignet** sind nur Maßnahmen, die die Gefahr zumindest so weit reduzieren, dass das für ein Eingreifen erforderliche Maß unterschritten wird.
- **Erforderlich** ist von mehreren geeigneten Maßnahmen diejenige, die den geringfügigsten Eingriff in die elterliche Sorge (bzw. im Falle des § 1666 Abs. 4 BGB in die Rechte des Dritten) darstellt. So darf die elterliche Sorge nicht ganz entzogen werden, wenn schon ein teilweiser Entzug die Gefahrenlage beseitigt. Sie darf gar nicht entzogen werden, wenn das Gericht schon durch das Ersetzen einer Erklärung (§ 1666 Abs. 3 Nr. 5 BGB) die Gefahrenlage beseitigen kann, und nicht einmal das ist zulässig, wenn die Gefahrenlage schon durch Weisungen oder Auflagen beseitigt werden kann.

- **Angemessen** ist die geeignete und erforderliche Maßnahme nur, wenn sie mehr Schaden verhütet als sie anrichtet. Ist die Gefahr in letzter Konsequenz nur durch Trennung des Kindes von seinen Eltern abwendbar, muss das Familiengericht abwägen, ob der hierdurch *verusachte* Schaden tatsächlich geringer ist als der abgewendete.

441 Ist die geeignete und erforderliche Maßnahme nicht angemessen, unterbleibt nicht nur diese Maßnahme, sondern jede Maßnahme. Es ist nicht zulässig, stattdessen auf eine mildere, aber ungeeignete Maßnahme auszuweichen.

→ Siehe zur Verhältnismäßigkeitsprüfung Entscheidung Nr. 58

V. Einzelne Maßnahmen

442 Das Gesetz enthält in §§ 1666 Abs. 3, 1667 BGB einen Katalog von Einzelmaßnahmen, die auf § 1666 Abs. 1 BGB gestützt werden können. Das Wort „insbesondere" in § 1666 Abs. 3 BGB deutet an, dass es sich dabei um eine offene Aufzählung handelt, so dass das Gericht auch andere, im Gesetz nicht aufgezählte Maßnahmen ergreifen kann. Ein **freies Erfindungsrecht** ist das aber nicht. Grundrechtseingriffe verlangen nach einer gesetzlichen Grundlage, die die Eingriffsvoraussetzungen und die möglichen Maßnahmen hinreichend klar beschreibt.

→ Entscheidung Nr. 59

→ Übersicht Nr. 17 über gerichtliche Schutzmaßnahmen

443 **a) Gebote und Verbote (§ 1666 Abs. 3 Nr. 1 bis 4 BGB).** Das Familiengericht kann den Eltern – nach § 1666 Abs. 4 BGB auch Dritten – konkrete, auf das Kind bezogene Verhaltensanweisungen geben. Das geht nicht so weit, dass es ihnen die persönliche Lebensführung vorschreiben (z. B. das Rauchen oder das Auswandern verbieten) kann, doch kann es ihnen Vorschriften über den unmittelbaren Umgang mit ihrem Kind machen. Das Gesetz nennt nun in § 1666 Abs. 3 Nr. 1 bis 4 BGB einige solcher Verhaltensanweisungen ausdrücklich:

- Das Familiengericht kann die Eltern anweisen, bestimmte **öffentliche Hilfen** anzunehmen (§ 1666 Abs. 3 Nr. 1 BGB). Dabei wird es sich häufig um Hilfe zur Erziehung handeln. Es ist zu beachten, dass das Gericht nur die Annahme einer solchen Hilfe anordnen kann, nicht aber das Angebot. Ob und ggf. welche Hilfe zur Erziehung nach § 27 Abs. 1 SGB VIII geboten ist, entscheidet das Jugendamt unabhängig von einer solchen Anordnung in eigener Zuständigkeit (§ 36a Abs. 1 S. 1 Hs. 2 SGB VIII).

- Eine Anordnung nach § 1666 Abs. 3 Nr. 2 BGB, für die **Einhaltung der Schulpflicht** zu sorgen, ist im Grunde obsolet, weil die Eltern schon kraft Gesetzes hierzu verpflichtet sind, ein rechtswidriges Verhalten aber durch eine gerichtliche Anordnung nicht noch rechtswidriger gemacht werden kann. Ob es sinnvoll ist, Eltern der doppelten Sanktionsmöglichkeit nach dem Schulgesetz und nach §§ 86 ff. FamFG auszusetzen, ist zumindest fragwürdig. Viel sinnvoller dürfte eine Weisung sein, dem Kind den Besuch einer bestimmten Schule – z.B. des Gymnasiums oder auch einer Sonderschule – zu ermöglichen, wenn die Eltern im Begriff sind, dem Kind gerade die ihm entsprechende Bildung zu verweigern.
- Näherungs- und Kontaktaufnahmeverbote (§ 1666 Abs. 3 Nr. 3, 4 BGB) können sich gegen die Eltern und, wie sich aus § 1666 Abs. 4 BGB ergibt, auch **gegen einen Dritten** – gemeint: jemand, dem die Personensorge nicht zusteht – richten.

> § 1666 Abs. 4 BGB ermöglicht es, das Kinderschutzverfahren zur Waffe in der Hand der Eltern zu machen, wenn sie keine andere Möglichkeit haben, Gefahren abzuwehren, die **von einem Dritten** für das Kind ausgehen.

Entscheidungen nach § 1666 Abs. 3 Nr. 1 bis 4 FamFG sind nach Maßgabe von **444**
§ 95 FamFG auch **vollstreckbar**. Das kann über Zwangsgeld oder Ordnungsgeld bis zur Haft reichen (§ 95 Abs. 1 FamFG i. V. m. §§ 888, 890 ZPO).

b) Ersetzen von Erklärungen (§ 1666 Abs. 3 Nr. 5 BGB). Nach § 1666 Abs. 3 Nr. 5 **445**
BGB kann das Gericht einzelne Erklärungen der Eltern ersetzen. Das kann u. U. zur Beseitigung von Gefahren für das Vermögen ausreichen. Ein anderer Anwendungsbereich ist die Einwilligung in eine medizinische Behandlung. Freilich reicht das Ersetzen dieser Einwilligung nur aus, wenn nicht eine stationäre Behandlung erforderlich ist, der die Eltern ihr Kind ja auch durch Ausübung ihres Aufenthaltsbestimmungsrechtes entziehen können.

c) Entzug der elterlichen Sorge (§ 1666 Abs. 3 Nr. 6 BGB). Das Familiengericht **446**
kann die elterliche Sorge einem Elternteil oder beiden Eltern ganz oder teilweise entziehen.

Soll das **Aufenthaltsbestimmungsrecht** entzogen werden, ist § 1666a Abs. 1 S. 1 BGB zu beachten. In der Regel genügt das alleine nicht, um eine Gefahr abzuwenden, sondern allenfalls, um sie vorerst zu entschärfen. Jede längerfristige stationäre Hilfe setzt die Zusammenarbeit des Sorgeberechtigten mit dem Ju-

gendamt voraus. Wenn die Eltern diese Zusammenarbeit verweigern, muss die Personensorge schließlich vollständig entzogen werden können, andernfalls die unsichere Situation das Kindeswohl auf Dauer gefährden wird. Wenn sie aber schließlich doch mit der stationären Hilfegewährung einverstanden sind, kann die gerichtliche Maßnahme oft wieder aufgehoben werden.
Der Entzug der **gesamten Personensorge** setzt nach § 1666a Abs. 2 BGB voraus, dass andere Maßnahmen erfolglos geblieben sind oder anzunehmen ist, dass sie nicht ausreichen. Das Gesetz stellt damit keine zusätzlichen Anforderungen auf, sondern konkretisiert nur die zum Verhältnismäßigkeitsgrundsatz gehörenden Voraussetzungen der Geeignetheit und Erforderlichkeit des Sorgerechtsentzugs.

447 Soweit einem Elternteil die elterliche Sorge entzogen wird, muss das Familiengericht beachten, dass irgendjemandem die Sorge insofern zustehen muss. Hier ist zu unterscheiden:

448 Geht die Gefahr von nur **einem Elternteil** aus oder ist nur einer von ihnen nicht bereit, an ihrer Abwendung mitzuwirken, genügt es, die elterliche Sorge nur ihm zu entziehen. Waren die Eltern gemeinsam sorgeberechtigt, steht sie dann dem anderen ohne weiteres allein zu (§ 1680 Abs. 3, Abs. 1 BGB).

449 Müsste die elterliche Sorge einem Elternteil entzogen werden, dem sie aufgrund einer Entscheidung nach § 1671 BGB allein zustand, ist zu prüfen, ob nicht schon eine **Abänderung** dieser Entscheidung nach § 1696 Abs. 1 S. 1 BGB zur Abwendung der Gefahr ausreicht.

450 Im Übrigen ist bei einem Entzug der alleinigen elterlichen Sorge zu prüfen, ob sie nach §§ 1680 Abs. 3, Abs. 2 BGB auf **den anderen Elternteil übertragen** wird. Dies setzt voraus, dass es dem Kindeswohl nicht widerspricht. Dem Kindeswohl kann es aus verschiedenen Gründen widersprechen, z. B. auch, weil nach einem Teilentzug sonst die Eltern zusammenarbeiten müssten und dies nicht in einer dem Kindeswohl entsprechenden Weise möglich erscheint (OLG Nürnberg FamRZ 2010, 994).

451 Kommt all das nicht in Frage, ist dem Kind ein **Vormund** zu bestellen, falls die Voraussetzungen des § 1773 Abs. 1 BGB durch den Entzug gegeben sind, ansonsten ein **Pfleger**, dessen Wirkungskreis die entzogenen Teile der elterlichen Sorge umfasst.

452 **d) Maßnahmen zum Schutz des Kindesvermögens (§ 1667 BGB).** Zum Schutz des Kindesvermögens sind Maßnahmen gegen Dritte ausgeschlossen (§ 1666 Abs. 4 BGB). § 1667 BGB enthält einen weiteren Katalog von Maßnahmen, die das Kind gegen die Eltern ergreifen kann.

VI. Überprüfung und Abänderung von Maßnahmen

Manche Maßnahmen erledigen sich von selbst. Wird z. B. eine Erklärung der Eltern nach § 1666 Abs. 3 Nr. 5 BGB ersetzt, so hat es damit sein Bewenden. Auch Auflagen oder Weisungen können sich durch Zeitablauf erledigt haben, entweder, weil das Gericht sie von vornherein befristet hat, weil die Eltern dem Gebot nachgekommen sind oder die Zuwiderhandlung gegen ein Verbot nicht mehr möglich ist. 453

Bei allen Maßnahmen, die sich nicht auf diese Weise erledigen, schreibt § 1696 Abs. 2 BGB vor, dass das Familiengericht sie aufhebt, sobald die **Gefahrenlage nicht mehr besteht**.

Die Maßnahme kann nicht aufgehoben werden, wenn die zunächst beseitigte Gefahr dadurch wieder neu entstünde. Würde dadurch eine neue, andersgelagerte Gefahr eintreten, muss freilich auch dies ggf. berücksichtigt werden.

Beispiel: 454

Wegen einer durch Alkoholkrankheit bedingten Verwahrlosung wurde den Eheleuten Maier im Jahre 2010 die elterliche Sorge für ihren damals zwei Jahre alten Sohn Franz entzogen. Franz Maier lebt seither in einer Pflegefamilie. Nach mehreren Therapien sind beide Eheleute Maier nunmehr „trocken" und leben in geordneten Verhältnissen. Sie würden Franz gerne wieder zu sich nehmen. Franz kennt seine Eltern jedoch gar nicht. Ein Gutachten ergibt, dass er unter einer Trennung von den Pflegeeltern erheblich leiden und mit hoher Wahrscheinlichkeit einen erheblichen seelischen Schaden davontragen würde.

Hier ist die ursprüngliche Gefahrenlage nicht mehr vorhanden. Die Voraussetzungen für eine Aufhebung des Entzuges der elterlichen Sorge nach § 1696 Abs. 2 BGB liegen also vor. Verlangen die Eltern die Herausgabe von Franz, würde das aber eine neue, anders gelagerte Gefahr für sein Wohl bedeuten, der nunmehr wiederum vorgebeugt werden muss. Das ist hier durch eine Verbleibensanordnung nach § 1632 Abs. 4 BGB zu bewerkstelligen. 455

§ 1696 Abs. 2 BGB gilt nur für die getroffene Maßnahme als solche, nicht für ihre Folgeentscheidungen gilt. Hat das Gericht die elterliche Sorge nach § 1680 Abs. 3, Abs. 2 BGB auf den anderen Elternteil übertragen, kann *dies* nur unter den Voraussetzungen des § 1696 Abs. 1 S. 1 BGB wieder geändert werden. 456

457 **Beispiel:**
Der Mutter des außerehelich geborenen Lars wurde die elterliche Sorge für ihn entzogen, da sie infolge einer psychischen Krankheit sein Wohl gefährdet hat. Das Gericht hat die elterliche Sorge dem Vater übertragen, der sich seither gut um ihn kümmert. Nach einer längeren Behandlung ist Lars' Mutter wieder so weit gesundet, dass von ihr keine Gefahr mehr ausgeht.

458 Das Gericht muss den Entzug der elterlichen Sorge nach § 1696 Abs. 2 BGB aufheben. Es hebt die Übertragung auf den Vater aber nicht auf, da keine triftigen, das Kindeswohl nachhaltig berührenden Gründe dafür sprechen (§ 1696 Abs. 1 S. 1 BGB). Sind die Eltern zur Zusammenarbeit bereit und in der Lage, ändert es die Übertragungsentscheidung ggf. auch nur dahin ab, dass die elterliche Sorge den Eltern nunmehr gemeinsam zusteht.
Die Aufhebung des Entzugs der elterlichen Sorge der Mutter geht dennoch nicht völlig ins Leere: Stirbt der Vater, kann sie ihr nach § 1680 Abs. 2 BGB wieder übertragen werden, was nicht geht, solange sie ihr entzogen ist.

10. Kapitel **Umgang und Auskunft**

Unter **Umgang** versteht man den Kontakt mit dem Kind und zwar in jeder Form, also schriftlich, telefonisch, persönlich oder unter Ausnutzung anderer moderner Medien. Umgang ist jedoch nur der unmittelbare Kontakt. Informationsaustausch über das Kind ist kein Umgang mit diesem, sondern **Auskunft**. **459**

I. Umgangsbestimmungsrecht

Aus der **Personensorge** steht den Eltern grundsätzlich das Recht zu, den Umgang mit dem Kind zu bestimmen (§ 1632 Abs. 2 BGB). Dieses Umgangsbestimmungsrecht wird jedoch durch die in §§ 1684, 1685 BGB bestimmten Personen eingeräumten Umgangsrechte **eingeschränkt**. **460**
§ 1626 Abs. 3 BGB stellt dagegen keine besondere Schranke des Umgangsbestimmungsrechtes dar. Soweit Dritten kein Umgangsrecht zusteht, dürfen Eltern ihnen den Umgang mit dem Kind bis zur Grenze der Kindeswohlgefährdung verbieten.

Kraft ihres Rechtes aus § 1632 Abs. 2 BGB können Eltern einem Dritten, dem kein Umgangsrecht zusteht, den Umgang mit dem Kind verbieten. Besteht die Besorgnis, dass er sich nicht daran halten wird, kann das **Familiengericht** auf Antrag der Eltern ein entsprechendes Verbot aussprechen (§ 1632 Abs. 3 BGB), das dann nach Maßgabe von § 95 Abs. 1 Nr. 4 FamFG i. V. m. § 890 ZPO **vollstreckbar** ist. **461**

II. Rechtsnatur und Bedeutung des Umgangsrechts

Das alles gilt nicht, soweit Dritten ein Recht zum Umgang mit dem Kind zusteht. Hier ist zu unterscheiden: **462**

1. Umgangsrecht der Eltern (§ 1684 Abs. 1 Hs. 2 BGB). Das Umgangsrecht der Eltern gehört wie die elterliche Sorge zu dem von Art. 6 Abs. 2 S. 1 GG geschützten Bereich. Auch hier sind Eingriffe nur erlaubt, wenn sie aus der **463**

Schranke des Art. 6 Abs. 2 S. 2 GG heraus gerechtfertigt sind. Der völlige Ausschluss des Umgangs wird sogar an Art. 6 Abs. 3 GG gemessen.
Genau wie die elterliche Sorge ist auch das Umgangsrecht der Eltern ein Pflichtrecht. Es gibt daher auch eine korrespondierende **Pflicht der Eltern** zum persönlichen Umgang mit dem Kind. Außerdem ist das Recht inhaltlich so auszuüben, wie es dem Kindeswohl entspricht. Aber genau wie bei der elterlichen Sorge genügt es für Einschränkungen des Umgangsrechtes nicht, dass der Umgang dem Kind irgendwie nicht gut tut. Erst wenn das Kindeswohl durch den Umgang erheblich beeinträchtigt ist, sind Eingriffe gestattet.
Und genau wie die elterliche Sorge ist auch das Umgangsrecht ein absolutes Recht, das gegen jedermann durchsetzbar ist, der es beeinträchtigt. Deshalb kann das Familiengericht Anordnungen, die den Umgang betreffen, auch mit Wirkung für Dritte erlassen (§ 1684 Abs. 3 S. 1 BGB), z. B. anordnen, dass die neue Partnerin des Vaters nicht anwesend sein darf, wenn das Kind ihn besucht. Außerdem können ungerechtfertigte Eingriffe in das Umgangsrecht Schadensersatzansprüche aus § 823 Abs. 1 BGB auslösen.

464 Das Umgangsrecht steht **beiden Eltern** unabhängig voneinander und unabhängig von der elterlichen Sorge zu. Beide Rechte konkretisieren das Elternrecht aus Art. 6 Abs. 2 S. 1 GG und dienen dazu, den Eltern auch die tatsächliche Möglichkeit zu verschaffen, sich um ihr Kind zu kümmern.
Sind die Eltern gemeinsam sorgeberechtigt, sind die Übergänge zwischen der Ausübung des Umgangs- und des Sorgerecht fließend. Das Familiengericht kann deshalb die Betreuung des Kindes im **paritätischen Wechselmodell** – also bei zeitlich in etwa gleichen Betreuungsanteilen beider Eltern – daher als Umgangsregelung i. S. v .§ 1684 Abs. 3 S. 1 BGB anordnen.
Ein Elternteil, dem das Sorgerecht nicht zusteht, hat jedoch *nur* ein Recht auf Umgang mit dem Kind, aus dem er nicht berechtigt ist, die Entwicklung des Kindes maßgeblich zu beeinflussen. Ihm steht jedoch das Recht auf, die Entwicklung des Kindes unmittelbar mitzuverfolgen und eine Beziehung zu ihm aufzubauen und zu unterhalten.

465 **2. Umgangsrecht anderer Bezugspersonen (§ 1685 BGB).** Auch anderen Bezugspersonen des Kindes kann ein Umgangsrecht zustehen. Das Gesetz unterscheidet:

466 **Großeltern** und **Geschwistern** des Kindes steht nach § 1685 Abs. 1 BGB ein Umgangsrecht zu, wenn der Umgang dem Kindeswohl dient. Bei ihnen ist nicht erforderlich, dass ein Kontakt bereits in der Vergangenheit bestanden hat.

Der Umgang **dient dem Kindeswohl**, wenn er sich günstig auf seine Lebenschancen auswirkt. Das wird wegen § 1626 Abs. 3 S. 2 BGB vermutet, wenn schon eine Beziehung dieser Personen zum Kind besteht. Nur wenn der Umgang der ersten Kontaktaufnahme dienen soll, muss diese Voraussetzung demnach besonders geprüft werden. Andernfalls kann man davon ausgehen, dass der Umgang dem Kindeswohl dient, falls keine Anhaltspunkte für das Gegenteil vorhanden sind.

Dem lediglich **biologischen Vater** eines Kindes steht nach § 1686a Abs. 1 Nr. 1 **467**
BGB ein Umgangsrecht zu, wenn er **ernsthaftes Interesse** an dem Kind gezeigt hat. Weitere Voraussetzung dafür ist, dass ein anderer Mann Vater des Kindes i.S.v. § 1592 BGB ist. Anderenfalls kann der biologische Vater ja die Feststellung seiner Vaterschaft und damit den Erwerb eines Umgangsrechtes aus § 1684 Abs. 1 Hs. 2 BGB erreichen. Mit dieser Einschränkung wird verhindert, dass ihm ein Wahlrecht zwischen der vollen Elternverantwortung und einer Art „Vaterschaft light" zusteht.
Auch der biologische Vater hat nur ein Umgangsrecht, wenn der Umgang dem Kindeswohl dient. Das setzt eine schon bestehende Beziehung ebensowenig wie bei Großeltern voraus. Es kommt entscheidend darauf an, ob es nach dem konkreten Entwicklungsstand des Kindes eher günstig oder eher ungünstig ist, wenn es um seine genetische Herkunft weiß und ihr auch ein „Gesicht" geben kann.

Weiteren Personen steht nach § 1685 Abs. 2 BGB ein Umgangsrecht zu, wenn **468**
zwischen ihnen und dem Kind eine **sozial-familiäre Beziehung** besteht und der Umgang dem Kindeswohl dient.
Das Bestehen einer sozial-familiäre Beziehung wird vermutet, wenn das Kind mit der Person längere Zeit in **häuslicher Gemeinschaft** gelebt hat. Eine notwendige Voraussetzung ist das aber nicht.

Die **Kindeswohldienlichkeit** ist bei all diesen Personen Voraussetzung schon **469**
für *den Bestand* eines Umgangsrechtes. Sie ist aber nach § 1626 Abs. 3 S. 2 BGB zu vermuten, wenn festgestellt werden kann, dass für das Kind förderliche Bindungen bereits vorhanden sind. Das wird oft schon aus der sozial-familiären Beziehung folgen, wenn sie nicht besonders belastet ist. Der positiven Feststellung der Kindeswohldienlichkeit bedarf es daher letztlich nur bei Personen, die bislang noch gar keine solche Beziehung zum Kind haben.

Den Umgangsrechten aus §§ 1685 ff. BGB fehlt der **Pflichtcharakter**. Die dort **470**
genannten Personen sind dem Kind gegenüber zu nichts verpflichtet. Gestalten

Sie den Umgang nicht so, dass er dem Wohl des Kindes entspricht, entfällt ihr Umgangsrecht.

Ansonsten entspricht das Umgangsrecht inhaltlich demjenigen der Eltern (s. die Verweisung in §§ 1685 Abs. 3 S. 1, 1686a Abs. 2 S. 2 BGB).

Ansonsten entspricht das Umgangsrecht inhaltlich demjenigen der Eltern (s. die Verweisung in §§ 1685 Abs. 3 S. 1, 1686a Abs. 2 S. 2 BGB).

471 **3. Umgangsrecht des Kindes (§ 1684 Abs. 1 Hs. 1 BGB).** Schließlich stellt das Gesetz noch klar, dass das Kind ein subjektives Recht auf den Umgang mit seinen Eltern hat, deren Umgangspflicht also nicht etwa nur eine objektive Pflicht darstellt. Aus § 9 Abs. 1 Nr. 3 FamFG folgt, dass das Kind ab seinem 14. Geburtstag sein Recht auf Umgang mit den Eltern gerichtlich selbst verfolgen, sich daher insgesamt in einem Verfahren nach § 1684 Abs. 3 S. 1 BGB selbst vertreten kann.

III. Ausgestaltung und Grenzen des Umgangs

472 **1. Loyalitätspflicht.** So lange eine konkrete Umgangsregelung fehlt, bestimmt § 1684 Abs. 2 BGB das Verhältnis zwischen Umgangs- und Sorgeberechtigtem: Sie sind zur **wechselseitigen Rücksichtnahme** auf das Recht des jeweils anderen verpflichtet.

Die Norm ist zwar als Unterlassungsgebot formuliert, kann im Einzelfall aber auch eine Pflicht zum aktiven Tun begründen. Z. B. ist der Sorgeberechtigte dazu verpflichtet, auf das Kind **erzieherisch einzuwirken**, wenn es den Umgang mit einem Elternteil ablehnt.

Die Loyalitätspflicht geht nicht so weit, dass der Sorgeberechtigte seine Lebensentscheidungen einschränken müsste. Er darf daher auch an einen weit entfernten Ort ziehen, was den persönlichen Umgang mit dem Kind drastisch einschränken kann. Dergleichen kann u. U. einmal ein triftiger Grund für die Abänderung einer Sorgerechtsentscheidung nach § 1696 Abs. 1 S. 1 BGB sein, sonst bleibt es sanktionslos. Bei einem **Umzug ins Ausland** muss allerdings gewährleistet sein, dass der persönliche Umgang weiterhin stattfinden kann, sonst kann deswegen ein Verfahren nach dem Haager Kindesentführungsabkommen eingeleitet werden.

473 Umgang ist grundsätzlich Holschuld. Der Umgangsberechtigte trägt daher grundsätzlich auch die **Kosten des Umgangs**. Er ist grundsätzlich verpflichtet,

das Kind von dessen Wohnort abzuholen und es dorthin zurückzubringen. Aus der Loyalitätspflicht kann aber auch hier etwas anderes folgen. Das reicht von der Verpflichtung, das Kind zum Bahnhof oder Flughafen zu bringen, damit der Umgangsberechtigte nicht selbst zum Wohnort anreisen muss. Könnte der Umgang andernfalls gar nicht stattfinden, kann der Sorgeberechtigte sogar verpflichtet sein, die Reisekosten des Umgangsberechtigten zu übernehmen.

Wegen schuldhafter Verletzungen der Loyalitätspflicht kann analog § 280 Abs. 1 BGB **Schadensersatz** verlangt werden.
Hat ein zum Umgang verpflichteter Elternteil besonders hohe Umgangskosten, so liegt darin ein unabweisbarer, im Regelsatz nicht enthaltener Bedarf i. S. v. § 21 Abs. 6 SGB II.

→ Entscheidung Nr. 60, 61

2. Einvernehmliche und gerichtliche Regelung. Falls der Umgang sich nicht formlos von selbst regelt, können die Beteiligten ihn durch **Vereinbarungen** näher regeln, insbesondere dadurch die aus § 1684 Abs. 2 BGB folgenden Pflichten konkretisieren. 474
Treffen sie keine Vereinbarung, kann das **Familiengericht** nach § 1684 Abs. 3 S. 1 und 2 BGB über Umfang und Ausübung des Umgangsrechts einschließlich der sich aus § 1684 Abs. 2 BGB ergebenden Pflichten durch Beschluss entscheiden. Der Antrag eines der Beteiligten ist dazu nicht erforderlich. Finden die Beteiligten im Rahmen eines gerichtlichen Verfahrens zu einer einvernehmlichen Lösung, können sie diese als **Vergleich** aufnehmen lassen. Wirksam wird ein solcher Vergleich aber nur, wenn das Gericht ihn durch Beschluss billigt (§ 156 Abs. 2 FamFG). Richtschnur für die gerichtliche Entscheidung ist, was dem **Kindeswohl** am besten entspricht (§ 1697a BGB).

Gerichtlich angeordneter Umgang gewährt **Eltern** meistens 14-tägige Wochenendbesuche mit mindestens einer Übernachtung zuzüglich eines längeren Aufenthaltes in den Ferien und einer Regelung für die „großen" Feiertage. Alles, was dahinter deutlich zurückbleibt, bedarf einer guten Begründung, auch wenn das für sich alleine noch keine Einschränkung des Umgangsrechtes darstellt. Ein Mehr an Umgang bedarf zugunsten eines nicht sorgeberechtigten Elternteils ebenfalls einer guten Begründung. Bei gemeinsamer Sorge sieht das anders aus: Hier kann der Umgang in eine Mitausübung der elterlichen Sorge übergehen. Das kann das Familiengericht anordnen, wenn es dem Kindeswohl am besten entspricht. 475

Eltern haben ein Anrecht darauf, mit ihrem Kind Zeit **alleine** an dem **von ihnen gewählten Ort** zu verbringen. Gerichtliche Anordnungen, die dies ausschließen, stellen daher eine Einschränkung des Umgangsrechts i. S. v. § 1684 Abs. 4 BGB dar.
Auch andere als persönliche Kontakte (Telefon, E-Mail, Briefe) stehen ihnen zu, doch müssen sie § 1684 Abs. 2 BGB beachten. Einen Anspruch auf die ständige Erreichbarkeit des Kindes haben sie nicht. Auch das kann das Familiengericht näher regeln.

476 Bei den **anderen Umgangsberechtigten** hängt auch die Ausgestaltung des Umgangs vollständig von der Frage ab, was **dem Kindeswohl dient**. Das kann, muss aber nicht bedeuten, dass auch sie das Kind zu sich holen dürfen. Mangels einer Umgangspflicht kann hier allerdings keine Regelung getroffen werden, die sie ablehnen. Lehnen sie es ab, das Kind in der Wohnung der Eltern zu besuchen, kann das daher auch nicht angeordnet werden.

477 Ist die Loyalitätspflicht aus § 1684 Abs. 2 BGB dauerhaft oder wiederholt erheblich verletzt worden, kann das Gericht einen **Umgangspfleger** bestellen (§ 1684 Abs. 3 S. 3 BGB). Diesem steht das Recht zu, Details des Umgangs festzulegen, den Transport des Kindes vom einen zum anderen Elternteil zu organisieren und den Ort näher zu bestimmen, an dem der Umgang stattfinden soll, soweit das nicht wegen §§ 1687a, 1687 Abs. 1 S. 4 BGB dem Umgangsberechtigten zusteht. Er hat außerdem das Recht, die Herausgabe des Kindes vom Sorgeberechtigten zum Zwecke des Umgangs zu verlangen.
Das Gericht kann dem Umgangspfleger aber nicht das Recht überlassen, überhaupt erst eine Umgangsregelung zu treffen. Die Bestimmung von **Frequenz und Dauer** des Umgangs kann es ihm daher nicht überlassen.

→ Entscheidung Nr. 62

478 Die Bestellung eines Umgangspflegers schränkt das Sorgerecht ein. Konsequenterweise darf er zugunsten des Umgangs mit anderen Bezugspersonen als den Eltern deshalb nur bestellt werden, wenn das Kindeswohl andernfalls i. S. v. § 1666 Abs. 1 BGB **gefährdet** wäre (§ 1685 Abs. 3 S. 2 BGB).

479 **3. Durchsetzung und Grenzen der Umgangsrechte.** Wird eine gerichtliche Anordnung oder ein gerichtlich gebilligter Vergleich von einem der Beteiligten ignoriert, stellt sich die Frage der **Vollstreckung** der nach § 1684 Abs. 3 BGB getroffenen Regelung. Sie erfolgt von Amts wegen (§ 88 Abs. 1 FamFG).
Jeder Beteiligte kann jedoch beantragen, dass vorher ein gerichtliches **Vermittlungsverfahren** durchgeführt wird (§ 165 FamFG). Während der Anhängigkeit

des Vermittlungsverfahrens kann das Gericht die Vollstreckung aussetzen (§ 93 Abs. 1 S. 1 Nr. 5 FamFG).

Vollstreckt wird der Umgang durch Verhängung von **Ordnungsgeld** oder **Ordnungshaft** (§ 89 FamFG). Auch die Anwendung von **unmittelbarem Zwang** (§ 90 FamFG) kann angeordnet werden. Die Auswahl der Vollstreckungsmittel liegt im Ermessen des Gerichts. Die Haltung der Gerichte geht allerdings dahin, von der Möglichkeit des § 90 FamFG zur Durchsetzung „nur" des Umgangs in der Regel keinen Gebrauch zu machen.

Aber auch ohne die Anwendung von unmittelbarem Zwang kann die fortwährende Verhängung von Ordnungsmitteln gegen den widerstrebenden Elternteil das Kindeswohl beeinträchtigen. Ist das der Fall, kann das Gericht nach § 1684 Abs. 4 S. 1 BGB den **Vollzug des Umgangsrechtes** aussetzen.

Das **Umgangsrecht** als solches kann nach § 1684 Abs. 4 S. 1 BGB ebenfalls **ein-** **480**
geschränkt oder ausgeschlossen werden, wenn das Kindeswohl es erfordert. Daher muss genau unterschieden werden:

- Ist es der Umgang, der das Kindeswohl beeinträchtigt, muss dieser ausgeschlossen oder eingeschränkt werden.
- Sind es dagegen nur die Vollzugsmaßnahmen, die das Kindeswohl beeinträchtigen, so darf auch nur der Vollzug der Umgangsregelung eingeschränkt oder ausgeschlossen werden.

Die Grenzen zwischen der Ausgestaltung des Umgangs nach § 1684 Abs. 3 S. 1 **481**
und 2 BGB und der Einschränkung des Umgangsrechtes nach § 1684 Abs. 4 S. 1 BGB können im Einzelfall fließend sein. Jedenfalls stellt es eine Einschränkung des Umgangsrechtes dar, wenn das Gericht **begleiteten Umgang** (§ 1684 Abs. 4 S. 3 und 4 BGB) anordnet. Das ist daher nur unter den Voraussetzungen des § 1684 Abs. 1 S. 1 und 2 BGB zulässig.

Das Prinzip der **Verhältnismäßigkeit** ist zu beachten. Kann der Beeinträchtigung bzw. Gefährdung des Kindeswohls durch eine Einschränkung des Umgangsrechtes Rechnung getragen werden, darf der Umgang nicht völlig ausgeschlossen werden.

→ Entscheidung Nr. 63

§ 1684 Abs. 4 S. 2 BGB stellt eine **zusätzliche Grenze** auf: Das Umgangsrecht **482**
darf auf längere Zeit oder dauernd nur ausgeschlossen oder eingeschränkt werden, wenn der Umgang das Kindeswohl **gefährdet**. Der Gefährdungsbegriff entspricht § 1666 Abs. 1 BGB. Es muss mit hinreichender Wahrscheinlichkeit ein erheblicher Schaden drohen. Soll der elterliche Umgang mit dem bei keinem Elternteil lebenden Kind ganz ausgeschlossen werden, muss der Schaden

mit ziemlicher Sicherheit drohen, denn dann ist auch der Umgangsausschluss an Art. 6 Abs. 3 GG zu messen (BVerfG NJW 2013, 1867).
Soweit das aufgrund der Verweisung in §§ 1685 Abs. 3, 1686a Abs. 2 S. 2 BGB auch für den Umgang mit **anderen Bezugspersonen** als Eltern gilt, ist das freilich missverständlich. Widerspricht der Umgang dem Wohl des Kindes, besteht zugunsten solcher Personen schon gar kein Umgangsrecht, da er dann dem Kindeswohl ja nicht dient. Einen Sinn ergibt hier nur die Verweisung auf § 1684 Abs. 4 S. 3 und 4 BGB, durch die klargestellt wird, dass auch solchen Personen begleiteter Umgang eingeräumt werden kann, wenn es das ist, was dem Kindeswohl dient.

483 Vollstreckt werden kann die Umgangsregelung nicht nur gegen **den Sorgeberechtigten**, sondern auch gegen einen Dritten, gegen den sie sich ebenfalls richtet.
Sie kann **nicht gegen das Kind** vollstreckt werden, denn das Kind ist zum Umgang nicht verpflichtet. Zwar muss der Elternteil, bei dem es lebt, nach § 1684 Abs. 2 BGB auf das Kind dahin erzieherisch einwirken, dass es den Umgang zulässt. Das Kind selbst darf zum Umgang aber weder mit Gewalt (s. § 90 Abs. 2 S. 1 FamFG) noch mit anderen Mitteln gezwungen werden.

484 Beim **Umgangsberechtigten** ist zu unterscheiden:

- Eltern sind zum Umgang zwar verpflichtet. Ein erzwungener Umgang würde das Kindeswohl aber in aller Regel nicht fördern und das schließt die Vollstreckung der Anordnung gegen sie aus, falls das Gericht nicht feststellen kann, dass der Umgang ausnahmsweise auch unter diesem Umständen noch dem Kindeswohl entspricht.
- Andere Umgangsberechtigte sind zum Umgang nicht verpflichtet, so dass nicht nur die Vollstreckung gegen sie von vornherein ausscheidet, sondern auch schon die Anordnung eines Umgangs, der ihrem Willen nicht entspricht.
- Wegen des Verstoßes gegen die Einzelheiten der getroffenen Regelungen (z. B. von Übergabemodalitäten) ist die Verhängung von Ordnungsmitteln dagegen auch gegen den Umgangsberechtigten möglich.

→ Entscheidung Nr. 64

IV. Auskunft

Auch das Recht der Eltern, Auskunft über das Kind zu verlangen, gehört zu den 485
durch Art. 6 Abs. 2 S. 1 GG geschützten Rechten. Es handelt sich dabei um einen wichtigen Kernbereich des Elternrechts. Denn nichts ist für Eltern schlimmer als völlige Ungewissheit über das Schicksal ihrer Kinder. Die gesetzliche Regelung des Auskunftsrechts trägt dem nicht ausreichend Rechnung. Sie ist daher **verfassungskonform zu erweitern**.

1. Auskunft vom anderen Elternteil. Nach § 1686 S. 1 BGB hat jeder Elternteil 486
gegen den anderen einen Anspruch auf Auskunft über die persönlichen Verhältnisse des Kindes. Verweigert dieser die Auskunft, kann sie beim Familiengericht geltend gemacht werden (§ 1686 S. 2 BGB). Das Familiengericht ordnet dann die Auskunftserteilung an und vollstreckt seine Anordnung ggf. durch Festsetzung von Zwangsgeld oder Zwangshaft (§ 95 Abs. 1 Nr. 3 FamFG i. V. m. § 888 ZPO).

Der Anspruch auf Auskunft setzt ein **berechtigtes Interesse** voraus. Der Aus- 487
kunft verlangende Elternteil braucht ein solches berechtigtes Interesse aber nicht besonders darzulegen, da es sich in der Regel schon aus dem Eltern-Kind-Verhältnis ergibt. Es muss vielmehr begründet werden, warum es im Einzelfall fehlt. Das kann der Fall sein, wenn
- sich die gewünschte Auskunft auf absolute Banalitäten bezieht,
- die sinnlose Wiederholung schon gegebener Informationen verlangt wird,
- der Elternteil sich die Informationen ohne Mühe anderweitig beschaffen kann, oder
- ein echtes Interesse am Kind nicht besteht und das Auskunftsverlangen nur zur Schikane des anderen Elternteiles eingesetzt wird.

Sonst darf die Auskunft nur verweigert werden, wenn sie dem **Wohl des Kindes** 488
widerspricht. Das ist im Lichte von Art. 6 Abs. 2 S. 1 GG so auszulegen, dass es eine Gefährdung des Kindeswohls im Sinne der zu § 1666 Abs. 1 BGB entwickelten Formel voraussetzt. Das Kindeswohl kann der Auskunft z. B. entgegenstehen, wenn das Kind sich ausdrücklich gegen sie ausspricht und sie Tatsachen aus seiner Privatsphäre betrifft.

→ Entscheidung Nr. 65

Dieser Anspruch geht ins Leere, wenn dem anderen Elternteil die gewünschten 489
Informationen nicht zur Verfügung stehen. Er scheitert aber nicht schon daran, dass das Kind in einem Heim oder in einer Pflegefamilie lebt, soweit sich der

sorgeberechtigte Elternteil die gewünschten Informationen kraft seines Sorgerechts von diesen Stellen beschaffen kann. Dann ist er auch hierzu verpflichtet.

490 2. **Auskunft von anderen Personen.** Nach dem Wortlaut des Gesetzes besteht für die Eltern keine Möglichkeit, andere Personen als sich gegenseitig auf Auskunft über das Kind in Anspruch zu nehmen. Das kann entscheidend zu kurz greifen.

Vor dem KindRG stand das Auskunftsrecht jedem Elternteil gegen den Sorgeberechtigten zu. Es ist nicht ersichtlich, dass der Gesetzgeber mit dem KindRG die Rechtsposition von Eltern gegenüber Vormündern und Pflegern wirklich schwächen wollte. Deshalb ist davon auszugehen, dass hier eine unbeabsichtigte Gesetzeslücke vorliegt. § 1686 BGB gilt daher im Verhältnis der Eltern zu **anderen Sorgeberechtigten** analog.

→ Entscheidung Nr. 66

→ Übersicht Nr. 18 zur Rolle des Jugendamtes bei Umgang und Auskunft

491 3. **Auskunftsrecht des biologischen Vaters.** § 1686a Abs. 2 Nr. 2 BGB gibt dem lediglich biologischen Vater unter den gleichen Voraussetzungen ein Auskunftsrecht, unter denen ihm auch nach § 1686a Abs. 2 Nr. 1 BGB ein Umgangsrecht zustehen kann, nämlich wenn ein anderer Mann nach § 1592 BGB Vater im Rechtssinne ist und er ein **ernsthaftes Interesse** an dem Kindes gezeigt hat. Sein Anspruch richtet sich gegen **beide Eltern.**

11. Kapitel **Adoption**

I. Allgemeines

Adoption, im Gesetz „Annahme als Kind" genannt, ist die Begründung eines Eltern-Kind-Verhältnisses durch Rechtsakt. Seit 1976 gilt hierfür das **Dekretsystem**: Entscheidender Rechtsakt ist der Adoptionsbeschluss des Familiengerichts. **492**
Das Gesetz kennt die Adoption von Minderjährigen nur als **Volladoption**. Sie sollen dadurch in einer Familie aufwachsen können und werden deshalb in die Familie des Annehmenden voll integriert.
Die Adoption von Volljährigen dient anderen Zwecken, weshalb sie im Regelfall **schwache Adoption** ist und nur Rechtsbeziehungen zum Annehmenden selbst begründet.

II. Voraussetzungen einer Adoption

1. Materielle Voraussetzungen. Das Gesetz schränkt die Adoption **Minderjähriger** auf folgende Konstellationen ein: **493**
- die **gemeinschaftliche Adoption** durch ein Ehepaar (§ 1741 Abs. 2 S. 2 BGB),
- die **Einzeladoption** durch einen Unverheirateten (§ 1741 Abs. 2 S. 1 BGB),
- die **ergänzende Adoption** eines Kindes des anderen Ehegatten (§ 1741 Abs. 2 S. 3 BGB)

Ausnahmsweise ist die – nicht ergänzende – **Einzeladoption durch einen Verheirateten** zulässig, wenn der andere Ehegatte aus Rechtsgründen an der gleichzeitigen Annahme des Kindes gehindert ist (§ 1741 Abs. 2 S. 4 BGB). **494**
Ein bereits adoptiertes Kind kann nach § 1742 BGB als Minderjähriger grundsätzlich **nicht erneut adoptiert** werden, bevor nicht die frühere Adoption aufgehoben ist. Hiervon macht das Gesetz zwei Ausnahmen: Als lediglich **ergänzende Zweitadoption** ist die Adoption des Adoptivkindes durch den anderen Ehegatten erlaubt. Nach dem Tod (aller) Annehmenden ist außerdem auch eine **überlagernde Zweitadoption** zulässig.

Die Annahme eines **Volljährigen** ist stets Einzeladoption (§ 1767 Abs. 1 BGB). **495**
Zweitadoptionen sind hier aber unbeschränkt zulässig (§ 1768 Abs. 1 S. 2 BGB).

496 Die Adoption eines **Minderjährigen** setzt voraus, dass sie dem Wohl des Kindes dient und dass das Entstehen eines sozialen Eltern-Kind-Verhältnisses zu erwarten ist (§ 1741 Abs. 1 S. 1 BGB), was in der Regel durch eine der Adoption vorausgehende Pflegezeit überprüft werden soll (§ 1744 BGB).

497 Dem **Wohl des Kindes** dient die Adoption, wenn sie seine Lebenslage und Zukunftsaussichten verbessert. Ist das Kind durch **illegale Adoptionsvermittlung** beschafft worden, verschärft § 1741 Abs. 1 S. 2 BGB diese Voraussetzungen drastisch: Es kann durch denjenigen, der hieran beteiligt war, nur adoptiert werden, wenn dies zum Wohl des Kindes *erforderlich* ist, z. B. weil es durch die Wegnahme von einer solchen Person gefährdet wäre.

498 Ein **soziales Eltern-Kind-Verhältnis** setzt in der Regel einen **Mindestaltersabstand** von etwa 15 Jahren voraus. Eine Höchstgrenze gibt es dafür nicht. Es genügt freilich stets, wenn ein soziales Eltern-Kind-Verhältnis bereits besteht.

→ Entscheidung Nr. 67

499 Die Adoption eines **Volljährigen** setzt demgegenüber voraus, dass sie sittlich gerechtfertigt ist (§ 1767 Abs. 1 BGB), was sie insbesondere dann ist, wenn zwischen den Beteiligten ein soziales Eltern-Kind-Verhältnis bereits existiert. Im Übrigen genügt es auch hier, dass die Entstehung eines solchen Verhältnisses zu erwarten ist, wenn andere Gründe dafür sprechen, die Adoption möglichst sofort auszusprechen.

500 Wer ein Kind annehmen will, muss **mindestens 25 Jahre** alt sein (§ 1743 BGB). Ausnahmsweise genügen 21 Jahre, wenn es sich um eine ergänzende Adoption handelt oder ein Ehepaar das Kind gemeinsam annimmt und der andere Ehegatte mindestens 25 Jahre alt ist.

501 Die Adoption eines Minderjährigen soll nicht erfolgen, wenn **überwiegende Interessen** der Kinder des Annehmenden oder des Anzunehmenden dem entgegenstehen, wobei Vermögensinteressen keine Rolle spielen (§ 1745 BGB).
Für die Volljährigenadoption gilt letztere Einschränkung nicht, hier können auch finanzielle Interessen der Kinder des Annehmenden oder Anzunehmenden die Annahme hindern (§ 1769 BGB).
Aus §§ 1745, 1769 folgt im Umkehrschluss, dass **Interessen anderer Personen** als der Kinder der Beteiligten nicht berücksichtigt werden.

502 **2. Formelle Voraussetzungen.** Die Adoption erfordert einen notariell beurkundeten **Antrag** des oder der Annehmenden (§ 1752 BGB). Für die Volljährigenadoption ist ein gemeinsamer Antrag des Annehmenden und des Anzunehmenden erforderlich (§ 1768 Abs. 1 S. 1 BGB).
Für den Annehmenden ist der Antrag ein **höchstpersönliches Geschäft** im strengsten Sinne, d. h. es ist auch gesetzliche Vertretung ausgeschlossen

(§ 1752 Abs. 2 S. 1 BGB). Der Anzunehmende kann dagegen von einem Rechtlichen Betreuer vertreten werden, wenn er geschäftsunfähig ist (§ 1768 Abs. 2 BGB).

Die Adoption erfordert die **Einwilligung des minderjährigen Anzunehmenden** **503**
(§ 1746 Abs. 1 BGB). Diese kann nur von dem Minderjährigen selbst (mit Zustimmung seines gesetzlichen Vertreters) erklärt werden, wenn er mindestens 14 Jahre und nicht nach § 104 Nr. 2 BGB geschäftsunfähig ist, sonst handelt der gesetzliche Vertreter (§ 1746 Abs. 1 BGB). Die jeweils nötige Erklärung des gesetzlichen Vertreters ist entbehrlich, wenn dieser zugleich *als Elternteil* in die Adoption einwilligt (§ 1746 Abs. 3 Hs. 2 BGB).
Wird der Minderjährige von einem Vormund oder Pfleger vertreten und weigert sich dieser ohne triftigen Grund, einzuwilligen oder der Einwilligung des Minderjährigen zuzustimmen, kann das Familiengericht die Einwilligung des Kindes **ersetzen** (§ 1746 Abs. 3 Hs. 1 BGB). Dasselbe gilt für den Antrag des geschäftsunfähigen Anzunehmenden bei der Volljährigenadoption, wenn sich sein Betreuer ohne triftigen Grund weigert, ihn zu stellen.

Weiter ist die **Einwilligung der Eltern** des minderjährigen (nicht aber: des voll- **504**
jährigen) Anzunehmenden erforderlich (§ 1747 Abs. 1 S. 1 BGB).
Die Einwilligung der Eltern ist ebenfalls ein streng **höchstpersönliches Geschäft**. Ist ein Elternteil dauernd außerstande, sich zu erklären, ist seine Einwilligung entbehrlich (§ 1747 Abs. 4 BGB). Im Übrigen kann sie unter bestimmten, engen Voraussetzungen vom Familiengericht **ersetzt** werden (§ 1748 BGB). Das Gesetz kennt insgesamt vier verschiedene Ersetzungstatbestände, nämlich:

- anhaltende und grobe Verletzung elterlicher Pflichten (§ 1748 Abs. 1 S. 1 Alt. 1 BGB),
- völlige Gleichgültigkeit des Elternteils dem Kind gegenüber (§ 1748 Abs. 1 S. 1 Alt. 2 BGB),
- eine zwar nicht anhaltende, aber besonders schwere Verletzung einer elterlichen Pflicht, die erwarten lässt, dass dem Elternteil das Kind auf Dauer nicht mehr anvertraut werden kann (§ 1748 Abs. 1 S. 2 BGB).
- dauernde Erziehungsunfähigkeit aufgrund psychischer Krankheit oder geistiger oder seelischer Behinderung (§ 1748 Abs. 3 BGB).

Dies sind schwerwiegende Gründe, die selten vorliegen werden, zumal sie für **505**
sich allein noch nicht ausreichen. Es ist zudem erforderlich, dass dem Kind durch das Unterbleiben seiner Adoption ein **unverhältnismäßiger Nachteil** entstehen würde. Wegen Gleichgültigkeit darf die Einwilligung im Übrigen erst ersetzt werden, nachdem die Eltern auf diese Möglichkeit hingewiesen worden

sind und ihnen drei Monate Gelegenheit gegeben wurde, ihr Verhalten zu ändern (§ 1748 Abs. 2 BGB).

506 Auf die **Vaterschaft** kann sich zu dem Zweck, die Einwilligung erforderlich zu machen, auch schon berufen, wer die Voraussetzungen des § 1600d Abs. 2 S. 1 BGB glaubhaft machen kann, auch wenn eine Feststellung der Vaterschaft noch nicht erfolgt ist (§ 1747 Abs. 1 S. 2 BGB). Die Feststellung müsste aber überhaupt zulässig sein, es darf also nicht schon eine Vaterschaft nach § 1592 BGB bestehen.

Auch wenn das Kind weder einen Vater i.S.v. § 1592 BGB hat noch ein Mann von sich aus seine biologische Vaterschaft glaubhaft macht, darf das Familiengericht die Adoption nicht einfach aussprechen, ohne geprüft zu haben, ob der Erzeuger des Kindes von dem Verfahren überhaupt Kenntnis hat, denn das würde sein Grundrecht aus Art. 6 Abs. 2 S. 1 GG verletzen. Kennt das Gericht ihn nicht, muss es dazu Nachforschungen anstellen. Nur wenn diese erfolglos bleiben, darf es die Adoption aussprechen, ohne ihn wenigstens vom Verfahren unterrichtet zu haben.

507 Unter erleichterten Voraussetzungen kann nach § 1748 Abs. 4 BGB die **Einwilligung des unehelichen Vaters** in die Adoption seines Kindes ersetzt werden. Darunter fällt auch der Mann, der nach § 1747 Abs. 1 S. 2 BGB seine mögliche Vaterschaft lediglich glaubhaft gemacht hat. Es genügt hier schon, dass dem Kind durch das Unterbleiben der Adoption ein unverhältnismäßiger Nachteil entstünde. Die Norm ist im Lichte des Elternrechtes des Vaters **eng auszulegen**. Sie ist für Fälle gedacht, in denen der Vater die Adoption des Kindes durch Verweigerung seiner Einwilligung blockiert, ohne zugleich selbst die Elternverantwortung übernehmen zu wollen. Keinesfalls kann § 1748 Abs. 4 BGB dazu verwendet werden, die ergänzende Adoption durch den Ehemann der Mutter zu erleichtern und dem Vater hierdurch sein Umgangsrecht zu nehmen.

→ Entscheidung Nr. 68

508 Mit Ausnahme der Einwilligung des unehelichen Vaters – die sogar schon vor der Geburt des Kindes möglich ist (§ 1747 Abs. 3 BGB) – kann die elterliche Einwilligung erst nach einer **Sperrfrist von acht Wochen** ab der Geburt des Kindes wirksam erteilt werden (§ 1747 Abs. 2 S. 1 BGB). Die Einwilligung kann nur einen **bestimmten Adoptionsantrag** betreffen. Wird dieser abgelehnt oder zurückgenommen, wird die Einwilligung wirkungslos (§ 1750 Abs. 4 BGB). Die Person des Antragstellers muss den Eltern aber nicht bekannt sein, damit die Einwilligung wirksam ist (§ 1747 Abs. 2 S. 2 BGB – sog. Inkognitoadoption).

509 Außerdem erfordert die Adoption die **Einwilligung des Ehegatten** des Annehmenden (§ 1749 Abs. 1 S. 1 BGB), was nur im Falle des § 1742 Abs. 2 S. 4 BGB

von Bedeutung ist. Ist der Anzunehmende schon verheiratet, ist nach § 1767 Abs. 2 S. 2 BGB auch dessen Einwilligung erforderlich.
Die Einwilligung des Ehegatten kann vom Familiengericht ersetzt werden, wenn seine Interessen der Annahme nicht entgegenstehen (§ 1749 Abs. 1 S. 2 und 3 BGB). Sie ist überhaupt entbehrlich, wenn er zur Abgabe einer Erklärung dauernd außerstande oder sein Aufenthalt dauernd unbekannt ist (§ 1749 Abs. 2 BGB).

Der Beschluss, durch den das Familiengericht die Adoption ausspricht, ist **unanfechtbar und unabänderlich** (§ 197 Abs. 3 FamFG). Liegt ein solcher Beschluss vor, ist es daher falsch, die einzelnen Voraussetzungen der Adoption noch einer näheren Prüfung zu unterziehen. Das ist nur richtig, wenn die Fallfrage dahin lautet, ob die Adoption ausgesprochen oder ob sie nach § 1760 BGB aufgehoben werden kann.

→ Übersicht Nr. 19 zu den Adoptionsvoraussetzungen

III. Wirkungen der Adoption

Durch die Adoption entsteht zwischen dem oder den Annehmenden und dem Angenommenen ein **Eltern-Kind-Verhältnis**, sie sind also im ersten Grad in gerader Linie verwandt. Es stellen sich in diesem Zusammenhang zwei weitere Fragen, nämlich: **510**

- ob sich die Adoption auch auf die Rechtsbeziehungen zu den Verwandten des Annehmenden auswirkt und
- welche Folgen sie für die Rechtsbeziehungen des Angenommenen zu seinen Verwandten hat.

Diese beiden Fragen beantwortet das Gesetz je nach Ausgangslage höchst unterschiedlich: **511**

Minderjährige werden in die Familie des oder der Annehmenden vollständig integriert (§ 1754 BGB). Sie sind mit dessen Angehörigen in gleicher Weise verwandt oder verschwägert, wie sie es als leibliche Kinder wären (Volladoption). **512**
Bei **Volljährigen** begründet die Adoption Rechtsbeziehungen dagegen nur zu dem Annehmenden, nicht zu dessen Verwandten oder seinem Ehegatten (§ 1770 Abs. 1 BGB). Der Ehegatte und die Abkömmlinge des Angenommenen werden jedoch mit dem Annehmenden ebenso verwandt oder verschwägert,

wie sie es wären, wäre der Anzunehmende sein leibliches Kind (schwache Adoption). Die Eltern des Adoptivvaters sind also nicht die Großeltern des Adoptivkindes. Dagegen ist der Adoptivvater sehr wohl der Großvater der Kinder des Adoptivkindes.
Unter bestimmten Voraussetzungen kann das Familiengericht auf Antrag anordnen, dass die **Annahme eines Volljährigen Volladoption** sein soll (§ 1772 BGB).

Auch wenn die Voraussetzungen des § 1772 BGB vorliegen, sind die Beteiligten nicht gezwungen, eine Volladoption zu beantragen. Sie können auch nur den Adoptionsantrag als solchen stellen und den zusätzlichen Antrag nach § 1772 BGB unterlassen. Dann wird auch in diesem Fall die Adoption nur als schwache Adoption ausgesprochen.

513 Bei der **Volladoption** erlöschen grundsätzlich alle bestehenden Rechtsbeziehungen (§ 1755 Abs. 1 S. 1 BGB). Ansprüche auf Hinterbliebenenversorgung, die das Kind schon im Zeitpunkt der Adoption hat, behält es jedoch (§ 1755 Abs. 1 S. 2 BGB).
Die **ergänzende Adoption** bewirkt ein Erlöschen der Verwandtschaftsverhältnisse nur im Verhältnis zu dem anderen Elternteil, nicht zu dem Ehegatten oder Lebenspartner des Annehmenden und dessen Verwandten (§ 1755 Abs. 2 BGB). Nach § 1756 Abs. 2 BGB erlischt überhaupt nur das Eltern-Kind-Verhältnis zum anderen Elternteil, wenn dieser verstorben ist und zum Zeitpunkt seines Todes sorgeberechtigt war.
Nur das Eltern-Kind-Verhältnis, nicht aber die Beziehungen zu allen anderen Verwandten, erlischt, wenn das Kind von jemandem angenommen wird, der mit ihm im zweiten oder dritten Grad **verwandt oder verschwägert** ist (§ 1756 Abs. 1 BGB).

514 **Beispiel:**
Franz und Martha kommen bei einem Unfall ums Leben. Marthas Schwester Maria und ihr Ehemann Paul adoptieren daraufhin ihren noch minderjährigen Sohn Moritz. Ihre schon volljährige Tochter Luisa möchte nun wissen, ob sie noch die Schwester von Moritz ist und wie es sich mit dem Kind verhält, das Luisa erwartet.
Maria ist als Tante mit Moritz im dritten Grad verwandt. Daher ist Paul mit ihm im dritten Grad verschwägert (§ 1590 Abs. 1 S. 2 BGB). Wegen § 1756 Abs. 1 BGB erlischt nur das Eltern-Kind-Verhältnis zu Franz und Martha. Die Verwandtschaftsbeziehung zu seiner Schwester Luisa bleibt für Moritz dagegen bestehen.

Bekommt Luisa später ein Kind, ist Moritz jedoch nicht dessen Onkel, weil § 1756 Abs. 1 BGB nur *bestehende* Verwandtschaftsbeziehungen vom Erlöschen ausnimmt, ihre *Neubegründung* auf der Basis der natürlichen Abstammung aber nicht mehr zulässt. Für nach der Adoption geborene Verwandte sind allein die durch Adoption begründeten Verwandtschaftsverhältnisse maßgebend. Das Kind von Luisa ist demnach nicht im dritten, sondern nur im fünften Grad mit Moritz verwandt (nämlich: Kind seiner Cousine).

Die **namensrechtlichen Wirkungen** der Adoption sind in §§ 1757 BGB geregelt: **515**

- Bei der Einzeladoption erhält das Kind den **Familiennamen des Annehmenden** (§ 1757 Abs. 1 BGB). Da die Volljährigenadoption stets Einzeladoption ist, ist das dort immer so.
- Bei der gemeinschaftlichen Adoption durch ein Ehepaar und bei der ergänzenden Adoption erhält das Kind den **Ehenamen** seiner (neuen) Eltern als Geburtsnamen. Führen sie keinen Ehenamen, so haben sie das **Wahlrecht** aus § 1617 Abs. 1 BGB, das sie allerdings noch vor Ausspruch der Adoption ausüben müssen (§ 1757 Abs. 2 BGB). Ist das Kind schon fünf Jahre alt, ist die Wahl nur wirksam, wenn sich das Kind ihr anschließt. Tut es dies nicht, behält es den bisherigen Familiennamen.
- Nach § 1757 Abs. 3 S. 1 Nr. 1 BGB kann das Familiengericht auf Antrag der Adoptiveltern mit dem Ausspruch der Adoption dem Kind außerdem andere oder zusätzliche **Vornamen** geben, wenn dies dem Kindeswohl entspricht. Die Einwilligung des Kindes ist erforderlich, wenn es schon fünf Jahre alt ist.
- Das Familiengericht kann auf Antrag der Annehmenden und mit Einwilligung des Kindes den bisherigen Familiennamen des Kindes dem neuen voranstellen oder anhängen (§ 1757 Abs. 3 S. 1 Nr. 2 BGB), wenn das aus schwerwiegenden Gründen für das Wohl des Kindes erforderlich ist.
- Ist der volljährige Angenommene bereits **verheiratet** und ist sein (bisheriger) Geburtsname zum Ehenamen gewählt worden, ändert sich der Ehename nur, wenn der Ehegatte sich der Namensänderung anschließt (§ 1767 Abs. 3 S. 3 BGB).

→ Entscheidung Nr. 69

IV. Aufhebung der Adoption

Die Adoption geschieht durch Gerichtsbeschluss, mit dessen Rechtskraft sie wirksam wird, auch wenn sie nicht hätte ausgesprochen werden dürfen. Sie kann nur unter engen Voraussetzungen wieder aufgehoben werden: **516**

517 § 1760 Abs. 1 BGB lässt die Aufhebung der Adoption zu, wenn

- kein wirksamer Antrag vorlag, oder
- eine der nach §§ 1746, 1747 BGB erforderlichen Einwilligungen unwirksam war oder ganz gefehlt hat.

§ 1760 Abs. 2 bis 4 BGB bestimmt abschließend, wann eine dieser Erklärungen als unwirksam zu gelten hat. Die §§ 104 ff. BGB sind nicht anwendbar.
Die Aufhebung nach § 1760 BGB setzt einen **Antrag** desjenigen voraus, dessen Erklärung gefehlt hat oder unwirksam war (§ 1762 Abs. 1 BGB). Der Antrag kann nur innerhalb eines Jahres nach Entdeckung des Fehlers gestellt werden und nur, wenn seit der Adoption noch keine drei Jahre vergangen sind (§ 1762 Abs. 2 BGB).
Nach § 1761 Abs. 1 BGB darf die Aufhebung wegen des Fehlens einer Einwilligung nicht erfolgen, wenn die Voraussetzung für deren **Ersetzung** nach §§ 1746 Abs. 3 Hs. 1, 1748, 1749 Abs. 1 S. 2 BGB vorlagen.
§ 1761 Abs. 2 BGB schließt die Aufhebung wegen eines **Formfehlers** außerdem generell aus, wenn das **Wohl des Kindes** durch sie erheblich gefährdet würde und dies nicht wegen der überwiegenden Interessen des Antragstellers hingenommen werden muss.

518 So lange das Kind noch minderjährig ist, kann die Adoption auch aufgehoben werden, wenn dies aus schwerwiegenden Gründen **zum Wohl des Kindes erforderlich** ist (§ 1763 Abs. 1 BGB).
Die Aufhebung geschieht dann von Amts wegen. Sie kann bei der gemeinschaftlichen Adoption auf einen Elternteil beschränkt werden (§ 1763 Abs. 2 BGB). Damit wird sie von den Wirkungen her zur Einzeladoption umgewandelt (§ 1764 Abs. 5 BGB).
Die Aufhebung ist ausgeschlossen, solange für das Kind keine andere dauerhafte Einbindung in eine Familie gewährleistet ist (§ 1764 Abs. 3 BGB).
Eine Aufhebung nach § 1763 Abs. 1 BGB kommt nicht mehr in Frage, nachdem das Kind **volljährig geworden** ist.

519 Die **schwache Volljährigenadoption** kann nach § 1771 BGB auf gemeinsamen Antrag des Annehmenden und des Kindes aufgehoben werden, wenn dafür ein wichtiger Grund vorliegt. Die Volladoption eines Volljährigen kann dagegen überhaupt nur bei Formfehlern aufgehoben werden. Daher ist es auch konsequent, dass die Minderjährigenadoption nach Eintritt der Volljährigkeit des Angenommenen nur noch wegen Formfehlern aufgehoben werden kann.

Nähern sich im späteren Leben das Adoptivkind und ein leiblicher Elternteil einander wieder an und ist die Aufhebung der Adoption ausgeschlossen, kommt unter Umständen die **Rückadoption** des Kindes durch den leiblichen Elternteil in Frage.

Die Aufhebung der Adoption führt zum **Erlöschen** der durch Adoption begründeten Verwandtschaftsverhältnisse ex nunc (§ 1764 Abs. 1 BGB). Die durch die Adoption erloschenen Verwandtschaftsverhältnisse leben wieder auf (§ 1764 Abs. 2 BGB). **520**

Die **elterliche Sorge** bleibt jedoch erloschen. Die leiblichen Eltern des Kindes erhalten sie nur zurück, wenn das Familiengericht sie ihnen wieder überträgt, was nur geschehen darf, soweit es dem Kindeswohl nicht widerspricht (§ 1764 Abs. 4 BGB).

Das Kind verliert durch die Adoption den **Namen**, den es aufgrund von § 1757 BGB erhalten hat (§ 1765 Abs. 1 BGB). Das Gericht kann anordnen, dass es ihn behalten darf, wenn es dies beantragt und ein berechtigtes Interesse daran hat. Dafür dürfte es genügen, dass es unter diesem Namen einem größeren Personenkreis bereits bekannt ist. Ist der Adoptivname zum **Ehenamen** des Kindes geworden, bleibt dieser bestehen, falls nicht das Kind und sein Ehegatte gemeinsam beantragen, ihn dem wiederlangten Geburtsnamen anzupassen (§ 1765 Abs. 3 BGB).

Kraft Gesetzes erlischt die Adoption nach § 1766 BGB, wenn der Annehmende das Kind oder einen Abkömmling des Kindes heiratet. Das betrifft aber nur das Verhältnis zwischen den Ehegatten. Im Verhältnis dieser zu allen anderen Verwandten bleibt die Adoption wirksam. Auch auf den Namen des Kindes hat das keine Auswirkungen. **521**

→ Übersicht Nr. 20 zu den Aufgaben des Jugendamtes im Zusammenhang mit der Adoption

Wenn in der Vergangenheit liegende Vorgänge zu beurteilen sind, muss darauf geachtet werden, die unterschiedliche Wirkung von Statusänderungen einerseits, der Adoption andererseits zu beachten: Vaterschaftsfeststellung und Vaterschaftsanfechtung wirken **ex tunc**, Ausspruch und Aufhebung der Adoption dagegen nur **ex nunc**. Das Kind kann also nacheinander zuerst seinen natürlichen Vater und dann seinen Adoptivvater beerben. **Begrenzte Rückwirkung** hat die Adoption ausnahmsweise nach § 1753 Abs. 3 BGB, wenn sie nach dem Tod des Antragstellers ausgesprochen wird. (Sonst würde das auch keinen Sinn mehr ergeben.)

12. Kapitel **Vormundschaft, Rechtliche Betreuung, Pflegschaft**

522 Eine **Vormundschaft** ist erforderlich, wenn ein Minderjähriger
- nicht unter elterlicher Sorge steht (§ 1773 Abs. 1 Alt. 1 BGB),
- keinen gesetzlichen Vertreter hat (§ 1773 Abs. 1 Alt. 2 BGB), was v.a. im Fall des § 1673 Abs. 2 BGB vorkommt, oder
- sein Familienstand unbekannt ist (§ 1773 Abs. 2 BGB – Findelkind).

523 In bestimmten Fällen (§§ 1791c, 1751 Abs. 1 S. 2 BGB) wird das Jugendamt kraft Gesetzes Vormund. Sonst wird der Vormund vom Familiengericht **bestellt.** Bestellt werden kann:
- jede volljährige, natürliche Person, die sich zum Vormund eignet,
- ein anerkannter Vormundschaftsverein (§ 1791a BGB) oder
- das Jugendamt (§ 1791b BGB).

Als weitere Möglichkeit kommt analog § 1897 Abs. 2 S. 1 BGB die Bestellung des Mitarbeiters eines anerkannten Vormundschaftsvereins als **Vereinsvormund** in Frage (BGH NJW 2011, 2727).

524 Der Vormund übt die Personen- und Vermögenssorge in ebenso umfassender Weise aus wie die Eltern (§ 1793 BGB). Er ist dabei aber weniger frei. Für den Bereich der Vermögensverwaltung knüpfen die §§ 1802 ff. BGB ein relativ dichtes Netz der **Kontrolle.** Flankiert wird dies durch einen umfassenden Haftungstatbestand für fahrlässige Pflichtverletzungen (§ 1833 BGB) und umfassende Aufsichtsbefugnisse des Familiengerichts (§ 1837 BGB), die nicht erst bei einer Gefährdung des Mündels greifen, sondern schon dann, wenn der Vormund in irgendeiner Weise pflichtwidrig handelt.
Dennoch gilt § 1629a BGB auch für Schulden, die auf Rechtshandlungen eines Vormunds beruhen (§ 1793 Abs. 2 BGB).

525 Volljährige, die wegen psychischer Krankheit oder einer geistigen oder seelischen Behinderung nicht in der Lage sind, ihre eigenen Angelegenheiten ausreichend zu besorgen, erhalten nach § 1896 Abs. 1 BGB einen **Rechtlichen Betreuer.** So wie der Pfleger einen Wirkungskreis, hat der Betreuer einen Aufgabenkreis. Innerhalb seines Aufgabenkreises ist er gesetzlicher Vertreter des Betreuten (§ 1902 BGB). Neben einigen besonderen Genehmigungserfordernissen (§§ 1904 bis 1908 BGB) gelten zahllose Vorschriften aus dem Vormundschaftsrecht auch für die Betreuung (vgl. § 1908i BGB). Das gilt insbesondere für den Bereich der **Vermögensverwaltung.**

Die rechtliche Betreuung als solche hat keine Auswirkungen auf die Geschäfts- 526
fähigkeit. Entweder ist der Betreute nach § 104 Nr. 2 BGB geschäftsunfähig oder er kann auch nach der Betreuerbestellung noch uneingeschränkt wirksame Rechtsgeschäfte selbst vornehmen. Droht ihm hierdurch ein Schaden, kann das Gericht einen **Einwilligungsvorbehalt** (§ 1903 BGB) anordnen, der dann für die meisten Rechtsgeschäfte in etwa die Folgen der beschränkten Geschäftsfähigkeit (§§ 108 ff. BGB) auslöst. Anders als diese kann das Gericht ihn aber auf bestimmte Arten von Geschäften oder sogar auf einzelne Geschäfte eingrenzen, wenn nur das zur Abwendung der Gefahr erforderlich ist.

§ 832 Abs. 1 BGB gilt ausdrücklich auch für aufsichtsbedürftige Volljährige. Auch der rechtliche Betreuer kann daher aus dieser Norm haften, wenn ihm die **Beaufsichtigung** des Betreuten als Aufgabenkreis obliegt. Das nimmt die Rechtsprechung an, wenn ihm alle (persönlichen) Angelegenheiten übertragen sind. Entsprechend ist § 832 Abs. 2 BGB daher auch auf jemanden anwendbar, der die Beaufsichtigung eines Volljährigen durch Vertrag – z. B. in einem Heimvertrag – übenommen hat.

Eine **Pflegschaft** kann aus verschiedenen Gründen angeordnet werden: 527

- Ein **Ergänzungspfleger** ist nach § 1909 Abs. 1 BGB zu bestellen, wenn der gesetzliche Vertreter eines Minderjährigen an der Erledigung einzelner Angelegenheiten rechtlich oder tatsächlich gehindert ist. Das schließt das Erlöschen von Teilen der elterlichen Sorge durch Entzug nach §§ 1666 Abs. 1, Abs. 3 Nr. 6 BGB ein. Ist ein Elternteil insgesamt tatsächlich verhindert, kommt ausnahmsweise auch die Bestellung eines Ergänzungspflegers für alle Angelegenheiten in Betracht (freilich nur, bis das Familiengericht die Verhinderung nach § 1674 Abs. 1 BGB feststellt, denn danach muss nach § 1773 Abs. 1 BGB ein Vormund bestellt werden).
- Der **Ersatzpfleger** des § 1909 Abs. 3 BGB hat die Funktion eines vorläufigen Vormunds. Er überbrückt z. B. den Zeitraum, während dessen das Familiengericht prüft, ob ein von den Eltern durch Testament benannter Vormund (vgl. §§ 1776 ff. BGB) für das Amt geeignet ist.
- Für einen Volljährigen kann ein **Abwesenheitspfleger** (§ 1911 BGB) bestellt werden, wenn sein Vermögen der rechtlichen Fürsorge bedarf und er aufgrund Ortsabwesenheit hierfür nicht selbst sorgen kann. In Anbetracht der modernen Kommunikationsmittel muss er sich hierfür entweder an einem unbekannten Ort aufhalten oder von den üblichen Kommunikationsmöglichkeiten abgeschnitten sein. § 1911 BGB überbrückt vor allem die Zeit bis zu dem Tag, an dem ein Verschollener für tot erklärt werden kann.

- Soll schon ein noch nicht geborenes Kind Rechtshandlungen vornehmen, kann nach § 1912 Abs. 1 BGB ein **Pfleger für die Leibesfrucht** bestellt werden. Meist ist dies wegen § 1912 Abs. 2 BGB nicht erforderlich.
- Einige **weitere Fälle** der Pflegerbestellung nennen §§ 1913, 1960 Abs. 2, 1975 BGB, 57 ZPO. Allen Pflegern ist gemeinsam, dass sie einen bestimmten, ihnen zugewiesenen Wirkungskreis haben. Soweit nicht etwas Besonderes gilt, ist auf die Pflegschaft Vormundschaftsrecht anzuwenden (§ 1915 Abs. 1 S. 1 BGB). Betrifft die Pflegschaft weder einen Minderjährigen, noch eine Leibesfrucht, tritt das Betreuungsgericht an die Stelle des Familiengerichts.

Stichwortverzeichnis

Die Ziffernangaben beziehen sich auf die Randnummern des Buches.